埃尔·埃斯科里亚尔图书馆内穹顶的湿壁画

塞维利亚老年神父医院教堂内景

格拉纳达圣胡安德迪奥斯大教堂的主祭坛

达利设计的珠宝

马拉加毕加索博物馆里展出的毕加索于 1947 年画的
《桌子上的公鸡与刀》

科尔多瓦大清真寺主祷告厅米哈拉布上面的镶嵌画

尤索修道院展出的《艾米利亚手抄本》第六十卷第七十一和七十二页，
第七十二页右下角的小字是修士写的古西班牙语最长的句子

梅里达的古罗马剧场

奥维耶多城外的纳兰科山圣玛利亚教堂西立面和南立面

梅里达国家罗马艺术博物馆保存的原来安放在古罗马剧场的罗马神话中
主管农业和丰收的克瑞斯女神像

塞维利亚主教座堂议事厅里的穆立罗《圣母无染原罪》

海边的散提亚拿小镇

静介◎著

西班牙文化之旅 Spain

北京联合出版公司
Beijing United Publishing Co.,Ltd.

图书在版编目（CIP）数据

西班牙文化之旅 / 静介著 . -- 北京 : 北京联合出
版公司 , 2025. 7. -- ISBN 978-7-5596-8495-0

Ⅰ . K955.1

中国国家版本馆 CIP 数据核字第 2025WH6441 号

西班牙文化之旅

项目策划：斯坦威图书

作　　者：静　介

出 品 人：赵红仕

总 策 划：李佳铌

策划编辑：刘予盈

责任编辑：管　文

封面设计：异一设计 QQ:164085572

内文排版：夏晓燕

北京联合出版公司出版

（北京市西城区德外大街 83 号楼 9 层　100088）

河北鹏润印刷有限公司印刷　新华书店经销

字数 235 千字　880 毫米 ×1230 毫米　1/32　10 印张

2025 年 7 月第 1 版　2025 年 7 月第 1 次印刷

ISBN 978-7-5596-8495-0

定价：65.00 元

前　言

　　旅行是唤起，可以治愈，也充满了欢愉。2024 年 3 月 29 日，当我们在西班牙第二大港口城市马拉加的火车站内办好租车手续，太太将车开出停车场，畅行在 A45 高速公路上的时候，我心潮起伏，五年前那次独特远行的画面一帧一帧浮现在眼前。

　　圣地亚哥朝圣之路，大多数人是以每天二十千米左右的路程走出来的。我们在 2019 年偏偏选择了驱车，从最受欢迎的法国之路前往，再沿着北方之路返回。在朝圣之路上往返三千八百多千米之后，又前往西班牙和法国的小镇以及安道尔公国，共计行驶了五千五百多千米。那是太太的第一次海外自驾，源自法国朋友瓦伦汀。2016 至 2018 年，好友王梓、太太和我坐着瓦伦汀的奥迪车进行了连续三年、每年一个月纵观意大利南北的深度游。此后，瓦伦汀认识了一位教法语和拉丁语的女朋友，两人很快开始了难舍难分的热恋，不再与我们同行。如此一来，太太一直梦寐以求的海外自驾的心愿，就得到了满足。

　　2024 年春天，我们三个人在南部重启了西班牙文化之旅。新冠疫情期间，我读了美国的西班牙语教授约翰·克罗写的《西班牙的灵魂：一个文明的哀伤与荣光》一书。读后只是在认知上有了广度，然而走了一次南线，我才深刻地理解了作者对于西班牙璀璨文化的一片深情。克罗在书中写道："我整个职业生涯都在为他们的文化着迷。"他认为西班牙有创造力又趋于保守，极度分化又力求统一，在骄傲炽热的理想背后掩藏着一种悲剧感。在南线之行中,我们常常能够捕捉到如此多重的感觉,尽管北线也有,但并不明显。

这就是多元。当我们以好奇的心态面对在欧洲文化中脱颖而出的西班牙文化时,才知道视线所及都伴随着兴奋与激情。那些刺激的元素不仅令人叹服,还会在被激赏之后留下感动。伊比利亚半岛上这个面积只有五十几万平方千米的国度,南北不过八百多千米,东西也不超过一千千米,却包含了数不胜数的繁复和差异。穿行在崎岖陡峭的山路,前往城市和乡村,或者停留于一个事先并没做参观计划却突然决定驻足细赏的小镇,无论是教堂、史前洞窟、古建筑、遗迹、美术馆、音乐厅,还是酒庄、橄榄油庄和高中档餐厅,都既有意大利文艺复兴的影子,又有很多阿拉伯文化的旧存。在欧洲其他国家,很少能集中体验到如此琳琅满目的精彩。尽管每天都徒步十几千米,却从没感到疲累。我特别喜欢自驾的旅程,因为心中有激情,所有的经历都鲜活而生动。

每次出发之前,我都自以为做了相当详尽的功课,然而在一个到处都是古老文化遗存的国家,总有一些激活记忆抑或意想不到的惊喜突现。美无处不在,所以就有太多的美中不足。我们都是古典音乐的爱好者,在巴塞罗那音乐厅古乐大师萨瓦尔指挥巴赫《马太受难曲》的音乐会开演之前,我在大堂买了萨瓦尔指挥的唱片,一看到唱片封面上的"Montserrat"(蒙特塞拉特),我就像受到了电击一般全身酥麻。在巴塞罗那五十千米开外有一座始建于 1025 年、名为蒙特塞拉特修道院的建筑群,那里保存着大约完成于 1399 年的《蒙特塞拉特红皮书》手稿,它们是中世纪朝圣音乐的珍贵典藏。在北线和南线的旅程中,我们去了西班牙五十多个大小不一的城镇,直到看见了实物或者与实物相关的图片和物品，才想起来有一些正是以前听说过的类似蒙特塞拉特修道院的地方，甚至曾渴望前去那里膜拜一次，但为什么忘了将如此经典的所在列入行程里呢?

遗憾是多重的，例如我的太太还有一个强烈的期望：从法国之路上的萨里亚小镇出发，去走最后的一百多千米。然而我却一直打退堂鼓，想象着那种折磨与枯燥，我知道那条路上又少了一个苦行僧。

2024 年 4 月 2 日早晨在格拉纳达醒来，看到北京斯坦威图书有限责任公司总经理申明先生发来的微信留言，说我在新冠疫情之前写的《意大利文化之旅》终于付梓。那本书中的内容尽是我们在意大利各地的直观体验，算是对我最爱的意大利的一份回礼。过去我总觉得意大利是最令人期待的，没想到西班牙竟然有着更多的诱惑力。申先生去西班牙旅行过二十多次，是一位西班牙文化的狂热爱好者，他一直在微信朋友圈里关注我们的旅程，说我们去了一些他一直想去而未能成行的地方，总觉得西班牙是一个无底洞，永远也不能填满。2024 年 10 月下旬，他建议我将西班牙的旅程也写成一本与意大利同样的书以飨同好，这正是我心甘情愿想要做的事情。谢谢申先生的这份美意，这也是本书成书的缘起。

想要把书中所有的图片都印成彩色，在一本不会很畅销的旅行书中，往往要让步于高昂的成本。正因如此，一些照片不得不变成黑白单色，尽管美中不足，但再多的彩色照片，也不如你的实地体验。西班牙有一段顺口溜："如果有人称赞法国，那么他是法国人；如果他歌颂英格兰，他是英国人；但如果他说西班牙不好，他必定是西班牙人。" 他们自爱，却不自傲。还等什么呢? 西班牙文化下一个深度的探寻者，就是你了。

‖ 目 录 ‖

I ｜ 上 篇

北线

II ｜ 下 篇

SPAIN

I | 上 篇

北线

　　北线的首站是龙塞斯瓦列斯。古往今来，这座历史悠久的小镇是朝圣者们的精神家园。它以其独特的文化意义，吸引着无数寻求心灵净化和精神启迪的人们，成为他们漫长朝圣之旅中的重要驿站。此后，我们游览了神圣而静谧的蓬特拉雷纳、著名的葡萄酒产区——古朴又生机勃勃的阿耶吉，在庄严肃穆的古代遗址群中感受岁月留给布尔戈斯与萨拉曼卡的无限深沉，从玻璃花窗洒落的历史余晖中重温古城莱昂的昔日辉煌。之后，我们又去了"法国之路"的终点圣地亚哥—德孔波斯特拉、美术爱好者不可错过的奥维耶多周边、文化名城毕尔巴鄂与圣米良—德拉科戈利亚、美食名城圣塞巴斯蒂安，在巴塞罗那聆听扣人心弦的古乐、欣赏光影交辉中的芭蕾。最后，我们来到塔拉戈纳与卡达克斯，这里是欧洲古老文明与现代思想的融会之地，我们一边聆听古罗马的澎湃涛声，一边参观超现实主义画家萨尔瓦多·达利的震撼作品，在时光交错的感慨中结束了北线的旅程。

01 龙塞斯瓦列斯

四月的大雪，七百九十千米

公元 820 年前后，西班牙西北角。一位牧羊人打扮的隐士连续几个晚上看到矗立于山丘之上一棵硕大的橡树顶上，有一颗明亮的星星在闪烁。他走到星星的正下方，在地面发现了一座祭坛和陵墓，墓碑上的铭文写着"这里是圣地亚哥 [西班牙语为'Santiago'，英语为'Saint Jacob'（圣雅各）] 的安息之地"。

圣地亚哥是耶稣的十二门徒之一，公元 44 年在耶路撒冷传教时被杀害，其遗体被追随者用船运往他曾经传教过的西班牙安葬。公元 64 年，罗马帝国皇帝尼禄开始加大镇压基督教的力度，此后的历代皇帝变本加厉，对基督教徒进行了残酷的迫害。虽然公元 310 年君士坦丁一世因在梦中看到天空中出现十字架形状的火焰而改信了基督教，但安葬圣地亚哥的地方，被遗忘了整整六个世纪。

711 年，北非沙漠信奉伊斯兰教的摩尔人军队跨越直布罗陀海峡侵入西班牙，很快就攻陷了西哥特王国。此后他们所向披靡，陆续占领了除北部海岸沿线之外伊比利亚半岛的大部分区域。718 年，哥特贵族号召基督教徒反击摩尔人，成立了阿斯图里亚斯王国，722 年取得了战争的胜利，成为西班牙收复失地运动的开端。为什么不早不晚，偏偏在西班牙成为摩尔人的天下之后圣地亚哥的陵墓才被发现呢？有一种说法认为，其实这是基督教统治者杜撰出来的一个传说。因为圣地亚哥陵墓的发现，符合当时基督教徒必须团结起来才能共同御敌的时代潮流，于是圣地亚哥理所当然地成为收复失地运动期间基督教政治和文化的一个最醒目的标志。只有通过朝圣，才能达到振奋人心的目的，而当传说被一传十、十传百的时候，也就成了史实。

阿方索二世是开始收复失地运动一百年后的阿斯图里亚斯王国的国王，他听到牧羊人发现圣地亚哥陵墓的消息，亲自前去验证无误，便下令在墓上修建一座小教堂，用以安葬圣人的遗骸。人们称此地为孔波斯特拉，意即"星域"或者"星空之所"，指的就是照亮圣地亚哥陵墓的那颗星星。连同圣地亚哥的名字在内，这里就有了圣地亚哥－德孔波斯特拉的地名。

尽管只是一个传说，但在中世纪，人们的自然观就是星象学（又名占星术），因此欧洲的基督教徒相信牧羊人的发现。朝圣者们从欧洲各地通过陆路或者海路进入西班牙，然后徒步沿着不同的路线到圣地亚哥－德孔波斯特拉朝圣，去完成他们心灵上的救赎。在基督教徒战胜摩尔人的收复失地运动之后，住在西班牙南部的人们也开辟了从塞维利亚、马德里等地出发的多条线路。经年累月，有十条朝圣之路被固定，依次为法国之路、北方之路（又称原始之路）、葡萄牙之路、葡萄牙海岸之路、英国之路、南方之路、白银之路、冬季之路、阿罗萨海和乌拉河海上之路以及海岸尽头之路。

最受欢迎也最为经典的是法国之路，起点是法国与西班牙边境的圣让－皮耶德波尔。需要翻越比利牛斯山之后进入西班牙的龙塞斯瓦列斯，再经过潘普洛纳、蓬特拉雷纳、布尔戈斯、萨拉曼卡、萨莫拉、莱昂这些大小不一的城镇，走过数不胜数的乡间土道，才能走到终点圣地亚哥－德孔波斯特拉。目前，全球约有 65% 的朝圣者选择这条线路。

在布尔戈斯主教座堂的墙壁上有一块圣地亚哥朝圣之路的地图，从图上可以看出，除了最北的从英国普利茅斯坐船直接到圣地亚哥－德孔波斯特拉的那条之外，其余的路线，无论是从英国、法国、比利时、卢森堡、德国、瑞士、意大利还是西班牙和葡萄牙出发，基本上都会在容纳百川的用红色画出粗线条的法国之路上会集。而在法国之路北部沿着海岸的那条线，就是我们计划返回时走的北方之路。

然而，八九百千米的路上鲜有标记，即使有地图，朝圣者们也因沿途多是乡村而常常要走很多冤枉路，这种状况直到 1984 年才被改变。

在法国之路上，有一个名叫塞布雷罗的小镇，古往今来吸引了众多朝圣者。14 世纪初，一位邻村的农民冒着大雪走到小镇的教堂。神父指责他不顾生命危险，只是为了跪在面包和装着红葡萄酒的杯子面前。然而就在祝圣的时候，面包变成了耶稣的肉体，红酒变成了耶稣的鲜血。这一传说中的"圣杯奇迹"被远道而来的德国朝圣者得知之后，迅速在德国流传开来。瓦格纳听到了这个传说后，在 1882 年创作完成的最后一部歌剧《帕西法尔》中，围绕着圣杯展开了一系列的故事，只是他将保管圣杯的地方设置为法国和西班牙边境的比利牛斯山。

圣杯——耶稣在最后的晚餐中使用的杯子，自中世纪以来，一直保存在塞布雷罗的皇家圣玛利亚教堂中。教堂的神父世代保护着圣杯和西班牙最伟大女王伊莎贝拉一世赠送给教堂的圣物盒，埃利亚斯·瓦利纳神父就是其中的一位。

▲瓦利纳神父在法国之路上用黄色油漆为朝圣者画的指路箭头

瓦利纳在教堂里经常听到前来教堂的朝圣者发出的迷路的抱怨，他是一位有心人，认为自己应该为朝圣之路做些什么。于是他在1984年自掏腰包，用极其低廉的价格从道路标线厂购买了一些罐装的黄色油漆，开车从法国之路上西班牙出发地的龙塞斯瓦列斯启程，在他认为最易迷路处标记，这些黄色的指路箭头画在了墙壁、石柱、桥头、栅栏或者树干上，一直画到快要接近终点的地方。如今，这些黄色的箭头犹如指南针，让这条千年的古路不再是迷途。此后沿途的人们纷纷效仿，又添加了众多手写、印刷和雕刻的箭头或扇贝壳的标志。

如今，走在各条朝圣之路上的芸芸众生，有些人是出于真正的信仰，有些人是将其当成一种运动，有些人是为了猎奇，还有一些人就是为了挑战自我。一位13世纪的诗人写道："这里的大门向所有人敞开，不论是病人还是健康的人，不论是天主教徒还是非教徒、犹太人、异端或者流浪汉。"不管实现各自目标的出发点是什么，也不论距离长短以及在不在乎最后的证书，只要以任何速度、从任何一个地方迈出了第一步，因为有了真正朝圣者的感召，绝大多数人就都会心甘情愿地走到终点。

在英国汤布里奇公学教数学的王梓没有太长的复活节假期，而退休的我尽管时间充裕，但因为有处女座的洁癖，不想去尝试经受那些又脏又累的煎熬与磨难。我俩不约而同有一个想法，在传统的徒步、骑驴骑马以及后来的骑山地车这三种形式之外，开启一个自驾体验的新方式。朝圣与否并不重要，与意大利一样，我们想用从徒步中节省下来的时间去更多地观察和了解沿途各式各样的文化元素。后来的结果表明，租车是一个事半功倍的超值选择。尽管我的太太总是说要走一走试试，但手握方向盘的她只能少数服从多数。

与王梓在图卢兹会合之前，太太和我去了作为法国之路的一部分——1979 年被联合国教科文组织列为世界文化遗产的法国圣米歇尔山，感受被誉为"西方奇迹"的来自中世纪的圣米歇尔崇拜的气氛。穿行在建于 12 世纪的哥特式修道院内，除了认同莫泊桑所说的"巨大无比又精彩绝伦"之外，还有一种先行积攒底气的激动之情，因为我知道，我们即将开始的，必定是一段非凡的旅程。

在图卢兹的马塔比欧火车站租了一辆只行驶了一万一千多千米的大众高尔夫 SUV 柴油车，在 A64 高速公路上行驶两个小时，就到了十分洁净的卢尔德市区。令我感到震惊的不是玫瑰圣母教堂，而是建于 1958 年可以容纳四万八千人的圣庇护十世圣殿。完全建在地下的骨架状的内部结构，如同一条倒扣着的巨型的诺亚方舟，让我们从一开始就感受到了庄重。

▲卢尔德圣庇护十世圣殿

中世纪时，圣让－皮耶德波尔就以法国之路从法国进入西班牙之前的最后一个站点而闻名于世。尽管线路所经之处99%都在西班牙，但因为出发点在法国领土，便有了法国之路的名称。13世纪诗人所说的向所有人敞开的那个大门就位于小镇的入口，其实那只是一个用砖砌成的拱券。有三条朝圣之路在小镇会集，所有徒步的人都从拱券之下进入镇里休整，以便第二天翻越比利牛斯山。

在小镇附近的餐厅吃完晚餐，我们特意走到左上方贴有法语标牌"RUE DE FRANCE"（法国之路）的拱券之下驻足。当时已经是晚上10点多了，只有一两个朝圣者或者徒步爱好者走进来。远远望去，坡路两侧售卖徒步用品的店铺和旅馆的门灯还亮着，路灯昏暗，似乎是在提醒说那些走累了的人已经睡下了，不要大声喧哗去打扰他们。接待朝圣者入住的庇护所，凡是大门紧闭的，肯定已经住满；偶有开门的，亮着廊灯，三层鞋架上堆放着正在晾着的厚厚的登山鞋。一家收费十欧元的庇护所外墙上挂着一块大牌子，其上用法、英、德、西、意、日和韩语分别印着："这里是传统的朝圣者之家，用柴火烧暖气

▲法国圣让－皮耶德波尔小镇法国之路的入口

和温水，食物都是自己做的。"

　　如今，在各个朝圣之路上都沿用着从中世纪开始留传下来的一个传统做法：朝圣者在授权的机构例如接待办公室或者庇护所等处购买一本或者几本"朝圣者护照"——其实就是一张折叠起来的长纸，类似明清朝的奏折。在中世纪，朝圣者携带的是通行证，带着这份证书前行，就可以避免沿途出现的一些不必要的麻烦。如今的朝圣者每走到一地，都要拿出朝圣者护照，在教堂、咖啡馆、庇护所或者朝圣者接待办公室等处盖上带有当地名称的印章。一般的印章上会自带年月日，如果没有日期，盖章处的人员会主动填写。凭借这些印章，可以入住沿途那些专门接待朝圣者的价格低廉的庇护所。但更重要的是，走到终点之后，如果印章的数量和日期达到了要求，朝圣者就能够获得一份珍贵的朝圣者证书。对于那些难以徒步七八百千米的朝圣者来说，还有一个节省体力的方法：徒步者和骑车者可以分别在距离终点一百千米和二百千米的地方出发，每天至少盖上两个不同地方的印章便视为有效。

　　本来也想在圣让－皮耶德波尔买一本护照，然后行驶一路，加盖一路。然而夜已深，所有的发放机构都已关门，我们决定放弃原来的想法。曾经走过法国之路的法国作家、医生和外交官让－克里斯托夫·吕芬在他的《不朽的远行》一书中写道："有多少次，我和其他脏兮兮的朝圣者一起在旅馆门前席地而坐，按摩疼痛的双脚，咽下用微不足道的价钱买来的难闻口粮，被其他路人全然无视；而他们正常、自由，衣着靓丽、鞋履光鲜。那时，我觉得自己就像索尔仁琴笔下的苦囚，朝圣之路上的一个穷苦人。"王梓和我不想去经历那些艰辛旅程中的苦累，我们只是偷懒者，虽与朝圣者一样都带着激情，但出发点却截然不同。

第二天上午 10 点，我们离开海拔二百米的圣让－皮耶德波尔，在限速三十千米的坡路上开往比利牛斯山。尽管大雨将侧窗玻璃淋得如同磨砂玻璃，但仍能辨别出车窗外不时闪过的三三两两的朝圣者，他们穿着红、黄、蓝色或橙色的雨衣，在昏暗的雨天里格外醒目。雨衣遮住了这些男男女女厚大的双肩包，他们都以爬坡的姿态慢慢地前行。十五分钟之后，车子开到了西班牙的巴尔卡洛斯，我数到了四十三名徒步和三名骑车的朝圣者。车外的气温只有五六摄氏度，男人们的上半身穿得很厚，但下半身大都穿着登山半裤，完全看不出冻得瑟瑟发抖的样子，显然是从小养成的习惯使然。

▲车窗外冒着大雨前行的朝圣者

只要到了比利牛斯山，就会不由自主地想起美国导演艾米利奥·艾斯特维兹 2010 年执导的电影《朝圣之路》。艾斯特维兹在片中出演的镜头很少，他饰演的朝圣者就是在走到比利牛斯山的时候遇到了暴风雨而不幸罹难。父亲从美国来到此地，原本只是想要接走儿子的遗体，然而就在这条法国之路上他改变了主意，想要更多地了解儿子的想法。他带着骨灰盒，每走到一个他觉得有意义的地方就埋一点骨灰，以替儿子完成朝圣的心愿。

世界各地的很多徒步爱好者正是看了这部电影之后才加入这样的旅途之中，因而如今这条路可谓鱼龙混杂。谁是真正的朝圣者，谁又是带着好奇心的猎奇者，至少对于我来说，并不能一眼看清。让－克里斯托夫·吕芬在他的书中说："如果朝圣者选择了一个距离圣地亚哥只有一百千米的起点，那他多半是沽名钓誉的人：想在终点获得那赫赫有名的用拉丁文写的孔波斯特拉证书以证明他完成了朝圣。这是要求的最短距离，只需花最少努力便能取得这份荣誉，这样做的人会遭到'真'朝圣者们难以掩饰的嘲讽。实际上，只有从比利牛斯山出发，走过西班牙境内某条最长线路的步行者才能算作同道中人。"

从圣让－皮耶德波尔开了四十分钟，车子在海拔一千四百米的比利牛斯山上开始下坡。雨变成了雪，越来越大，开到海拔九百米的龙塞斯瓦列斯时，雪变成了鹅毛，浓得让人睁不开眼睛，好在几分钟之后，雪就停了。

▲在比利牛斯山遇到大雪

2019 年，龙塞斯瓦列斯的常住人口只有二十四人，他们唯一的工作，就是遵循自古以来的传统，为路过的朝圣者提供食宿。我们看到了此处面积最大的建筑，那是停车场附近一栋三层楼的大庇护所，共有一百八十三个上下铺和一个面积很大的餐厅，每晚收费十二欧元。

▲在龙塞斯瓦列斯庇护所下方正在独自前行的一位朝圣者

▲龙塞斯瓦列斯的朝圣者接待办公室

路边的草丛中竖立着一块长方形的路牌，上面印着"Santiago de Compostela 790"的字样，提醒人们此处距离圣地亚哥－德孔波斯特拉还有七百九十千米。我看到一位男朝圣者裹着绿色的雨衣，正用瑟瑟发抖的双手拿着手机去拍那块牌子，拍完了，就沿着铁丝网旁边泥泞的土路开启了他的漫漫征程。

因为气温低，手冻得发抖，我来不及拿出大相机，就用手机迅速定格了这样的画面：一辆轿车从对面开过来，一个人向着远方走过去。不是月明星稀，亦非乌鹊南飞，没有信仰的我们，是否能够理解如此"自虐"的跋涉？

▲在龙塞斯瓦列斯路边，一位朝圣者正在拍表示七百九十千米的路标

02 蓬特拉雷纳

所有崎岖的路，都将是坦途

　　纳瓦拉省首府潘普洛纳的斗牛场外有一尊海明威的石雕像。海明威在小说《太阳照常升起》中描写了潘普洛纳八百二十米长的青石街上被狂奔的公牛追逐的男人们拼命奔跑的喧闹场景，从而吸引了世界各地寻求刺激的游客来到这座城市，为这里带来了非常可观的收入。当地建了这尊雕像，以示对观看了一千五百多场斗牛的海明威的感激之情。每年7月，这里热闹非凡，即使是酒店和民宿的房费涨了四五倍，也需要提前半年甚至一年才能订到。我们开到潘普洛纳的时候，正是旅游的淡季，小城很安静，接纳奔跑公牛的终点站斗牛场大门紧闭。我们在预订的2019年米其林推荐的古里亚酒吧吃午餐，老板很热情，却一句英语也不会说，

▲潘普洛纳古利亚酒吧的塔帕斯柜台

彼此都用手机上的有道翻译 App 进行交流。店里的塔帕斯都很有特色，尤其是奶油焗海胆。这道菜品过于好吃，以至于写这本书的时候，我还能回想起那种独特的美味。

从圣让－皮耶德波尔到潘普洛纳的七十五千米，开车不过一个半钟头，但若是连续徒步，则需要十六七个小时。因此，朝圣者们一般都会在途中的埃罗、苏维里或拉腊索阿尼亚等小镇吃饭并休息。在重建于 15 世纪的潘普洛纳主教座堂出口处，放着一个黑色的木台，上面摆放着白纸和印章。一位

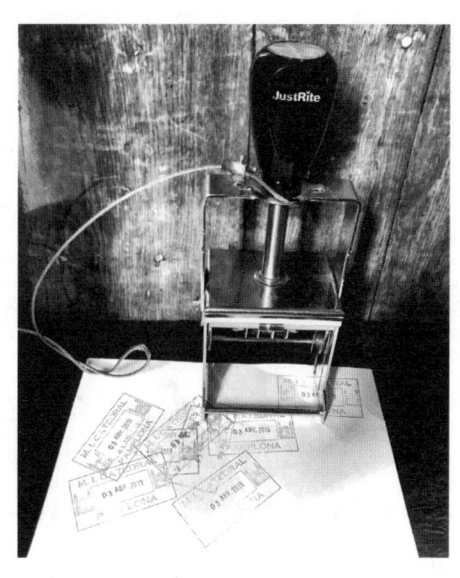
▲潘普洛纳主教座堂出口处的朝圣之路印章

朝圣者拿出一本已经盖了一些印章的专用护照，在上面加盖了带有"M.I.CATEDRAL PAMPLONA 03 APR. 2019"字样的印章，用以证明他来过潘普洛纳。我也学着他的做法，在旅行笔记本上盖了一枚，不是为了证明什么，只是为了向这位朝圣者的毅力表达敬意。

主教座堂最早建于 9 世纪前后，924 年被占领此地的摩尔人拆毁。当天主教徒在 11 世纪通过收复失地运动再次控制了这座城市之后，重建了一座罗马式风格的新教堂，13 世纪又翻建了顶部为哥特式风格的外立面。尽管它远远望去像一个混血儿，却是整个西班牙最具代表性的新古典主义风格的作品。由横梁和扶壁构成的教堂内部，最引人

注目的是中殿的彩色玻璃花窗、用红砖砌成的拱顶以及欧洲最好的哥特式艺术杰作之一的回廊。去之前做功课，得知教堂里有欧洲仅存的三个哥特式厨房，可惜藏在内部，并不开放参观。

潘普洛纳是一座建于公元前 75 年的古老城市，有将近二十万的人口。走在古街，不时会遇到三三两两的朝圣者。路在脚下，没有命令，只有几乎相同的热忱与坚忍。无论是被谁赋予的使命感，我都永远会钦佩那些用带着水泡的双脚一步一步走出来的荣耀。

蓬特拉雷纳距离潘普洛纳二十三千米，在城区里随处可见中世纪与文艺复兴时期的城门、巴洛克式的外墙以及新古典主义的盾牌和徽章。虽然在普通游客看来名不见经传，但它是法国之路与从法国和西班牙边境索波特山谷出发的阿拉贡之路的交会之地，在朝圣者中名闻遐迩。

有了朝圣之路以来，随着来往人数增多，小镇的规模逐渐扩大。然而来自两条路上的朝圣者想要前往圣地亚哥－德孔波斯特拉，枯水期的时候需要穿过阿尔加河。11 世纪，潘普洛纳的皇后下令在河上修建了一座便于过河的砖石桥，人们称其为"皇后桥"，又名"雷纳桥"。西班牙语中桥梁是"Puente"，雷纳桥就是"Puente la Reina"，汉语则译为"蓬特拉雷纳"。

19 世纪之前，小镇的居民一直使用不同于世界上任何一个语系的巴斯克语，他们称此地为加雷斯。但由于前来修建铁路的外国工人大量拥入，20 世纪初期开始，当地再也没有人会说这种语言，加雷斯这个称呼就此消失。我们在此后的行程中到过西班牙语的诞生地，却怎么也想不到欧洲最古老的语言竟然会在一个地方因为外来的因素而烟消云散。虽然巴斯克语的复兴复活了加雷斯这一地名，但使用的人少之又少。

雷纳桥是古代民间最庄严的罗马式建筑典范之一，长一百一十米，除了五个直接接触河水的优雅而朴素的拱券，还有四个用于泄洪的竖孔。如今，桥头上立有一块铜制的牌子，上面是用西班牙语、法语和英语介绍的小镇历史沿革。我们三个人走在桥上的时候，天朗气清，只觉得那是一种未被亵渎的美，可遇而不可求，恬静而又安然。吹在耳边的微风，像极了修士们吟唱的《格里高利圣咏》。

▲修建于 11 世纪的雷纳桥

我站在桥中央的时候，一个五六十岁的男子挂着登山杖慢慢地走过来，微笑着朝我点点头。桥上留下了一个长长的背影，那里有着常人难以理解的精神，更浓缩了成千上万朝圣者从这里走过去的力量。我只感到眼前不再是俗世，更没有尔虞我诈的烟火之气，一种纯净的升华之感，静静地涌上了心头。

顺着桥头左转的标志走，我们进入了桥下一个由 17 世纪建筑改建的旅游办公室。一位女士看到我盯着桌子上的印章，主动将其给我盖到了笔记本上。因为印章上没有日期，她就用圆珠笔在本子上写了

"3/April/2019"。拿起本子来一看，章的上方是西班牙语的"OFICINA TURISMO PUENTE LA REINA"（蓬特拉雷纳旅游局），下方则是巴斯克语的"TURISMO BULEGOA GARES"（加雷斯旅游局），看来当局是在刻意做着提醒：这里有一个欧洲唯一孤立的语种，虽然与其他语言没有任何相似之处而且曾经死过，但如今它又得到了重生。

最初建于 12 世纪、此后在 16 世纪改建的圣地亚哥教堂是蓬特拉雷纳的主要建筑，其罗马式大门上圣人与动物的雕塑由于年久失修，有很多已经面目全非，但我却非常喜欢如此原始的状态，与那些修旧如旧的翻新作品相比，这更有一种岁月的苍凉感。站在主祭坛的位置抬头向上望去，可以看到一个呈反角星形的星空穹顶，我们在此后的托莱多和塞维利亚的大教堂里也都看到过这样的形状。那种弧形和圆形相融合的波纹，是教堂穹顶在哥特式最后一个阶段的建筑形式，比起早期的肋式或网状拱顶显得更有艺术性，也更具跃动感。

来蓬特拉雷纳，有一个必去的地方就是雷纳桥头的耶稣受难像教堂。这座晚期罗马式风格的建筑

▲蓬特拉雷纳的圣地亚哥教堂，有哥特式晚期的星空穹顶

最初由圣殿骑士团于 1146 年建造，1312 年又转到了耶路撒冷圣殿骑士团手中。虽然规模不大，但其简单的内部有一个 Y 形的哥特式十字架，耶稣的双腿被弯曲成鹅腿的形状。据考证，这种形制源自德国莱茵兰地区，因为那里同一时期的耶稣受难像与此相同。它被认为是中世纪最美丽的十字架之一，据传一些德国朝圣者

▲蓬特拉雷纳耶稣受难像教堂

在教堂旁边的朝圣者医院接受了很好的治疗，从圣地亚哥－德孔波斯特拉返回之后，将其捐赠给了医院，医院关闭之后，就把它挂在了教堂内。

　　教堂对面是一家接待朝圣者的庇护所，我们从教堂走出来的时候，正好遇到了一对长着华人面孔的女士，穿红色冲锋衣者可能以为轻装简从的我们也住在这家庇护所里，就主动攀谈了起来。她说终点处被称为"世界的尽头"的福斯特拉的海边，有一座美到极致的法霍山，坐在那里盯着落日慢慢地滚进海里的那一瞬尤其令人难忘。但那里的游客太多了，相比较而言，她更喜欢穆夏，建议我们一定要先去穆夏，再折返圣地亚哥－德孔波斯特拉。她又给我们介绍了穆夏一家非常出色的庇护所，比现在住的这家五欧元一晚的强过不知道多少倍。站在她旁边的女士穿着黑色的冲锋衣，但注视我们的眼睛却和正常人不同，

就在我们感到疑惑的时候，她说："我从圣让－皮耶德波尔出发，已经走了四次法国之路了。这位是我的好朋友，她是盲人，这次是我领着她走。"望着她俩牵着盲人用的白杖向教堂走去，我跟王梓说："什么叫作百感交集，看了这画面就是了！"

▲走过四次法国之路的女朝圣者领着一位女盲人朝圣者

在耶稣受难像教堂的留言簿上，那两行由繁体字组成的语句我至今依然倒背如流："喜欢这趟旅程，希望所有崎岖的路，最后都将是坦途。"

03 阿耶吉

既要朝圣，也要葡萄酒

原计划离开蓬特拉雷纳之后，就前往朝圣之路上另一个建于11世纪的古老城镇埃斯特利亚——它被称为"北方托莱多"。但天色将晚，我们就改变了主意。既然圣殿骑士在蓬特拉雷纳向朝圣者售卖葡萄酒，何不去就近的阿耶吉小镇看看呢？那里有一个向朝圣者免费限量供应葡萄酒的酒庄，还有一家被废弃了的修道院。出于费用等方面的原因，这里的改建一直处于停滞状态，因而可以免费看到其原始、古朴的模样。

伊拉什酒庄建于1891年，但其葡萄园却有将近九百五十年的历史。1991年也就是建立

▲伊拉什酒庄修建的向朝圣者免费提供葡萄酒和水的石墙

百年之际，酒庄在朝圣者行走的石子路边的石墙上改造了原有的喷泉管道，安装了两个接葡萄酒的不锈钢水龙头，左侧的牌子标的是"VINO"（葡萄酒），右侧是"AGUA"（水），每天向朝圣者免费提供共计一百升的干红葡萄酒和水，条件是你要出示朝圣者的护照。墙的左侧粘着一块黑色的牌子，上面用西班牙语写道："如果你想带着能量和活力到达圣地亚哥，那就喝一口美酒，为幸福干杯！"

傍晚6点钟的时候，天还亮着，一百升的酒早已供完，周围一个人也没有，彼时彼刻的唯一特色就是静谧，王梓踩在石子路上嘎吱嘎吱的声响，我在二十几米之外都听得很真切。

我喜欢寂静，在王梓临时选择的这个酒庄的墙边，我回忆起出发前做行程功课时看的一些走完朝圣之路的朝圣者们写的感言。其中一位名为玛丽·索尔的西班牙女士因为便宜的庇护所满员，不得已选择了一个与陌生人混住的旅馆。她写道："有一次，在潘普洛纳的一家旅馆里，我不得不和一个德国男人住在一起。这家伙喝了很多酒，最后酩酊大醉，睡着了，打着鼾。我厌倦地看着天花板，抓起床垫扔在厨房的地板上，看看我是否可以睡在那里。不一会儿，他出现了，说想和我一起跳舞。当他看到我再次躺下时，并没有回到床上，而是也躺在地板上，在我耳边打鼾……早上醒来的时候，这个可怜的男人甚至不知道该如何向我道歉。他想起了自己做过的糗事，简直难以相信。最后我们都哭了，互相拥抱、安慰。他没有向我倾诉任何事情，但你可以看出他正在逃避一些无法解决的难题，无论是家里还是生活中，我不知道。"

走朝圣之路的人，无论是因为宗教信仰还是寻求精神解脱抑或另有其他目的，都会经历一种文化体验，也会获得更多人生感悟，对此，我确信不疑。

　　酒庄的旁边有一栋壮观的建筑，在四周都是原野的地方显得格外庄严。伊拉什修道院始建于8世纪，此后经过不断改建，其塔楼的外观被定型为埃雷里安风格。与西班牙中部的埃尔·埃斯科里亚尔修道院以及托莱多城堡的形制相同，整个建筑呈矩形结构对称排列，外立面鲜有装饰，与华丽繁复的巴洛克风格产生鲜明的对比。由于靠近法国之路上的埃斯特利亚，这座建筑在11世纪最为鼎盛，拥有庞大的修道院、教堂、朝圣者医院和葡萄园，占地六千九百多平方米，17世纪时甚至兴建了一所罗马教皇大学。1809年拿破仑入侵期间，修士们陆续离开，修道院日渐冷清，直至1984年被彻底关闭。虽说要重建，但迟迟没公布具体的时间。它看似一个被遗弃的废墟，但哥特式晚期星空穹顶下的回廊和灰色素面的教堂内部都保存得相当完好，老回廊外面空地上的草坪是目前唯一有生气的地方。王梓在空旷的教堂里唱了一段圣咏，由于有高耸的反射墙，混响效果极好。我跟王梓说："萨瓦尔如果和他的古乐团能到这里录一张唱片，也许就会促进重建的进度了。"

▲伊拉什修道院

我们从阿耶吉小镇开往法国之路上最重要小镇之一——洛格罗尼奥，尽管已是晚上7点，却依然没有饿的感觉，想必是白天所见所闻过于充实的缘故。车窗外蓝天白云之下，西班牙最著名的里奥哈葡萄酒产区的葡萄园鳞次栉比，太太一边开车一边说干脆停下来坐在路边看景吧，可是晚上已经预订了洛格罗尼奥一家非常有名的餐厅，怎么能临时违约呢？

　　开到埃纳斯库阿斯餐厅的时候，已经是晚上9点了。当初我们被他们网站上一句"今天我们去哪里吃饭？像在家里一样吃饭"的广告词所打动，等到晚上11点吃完的时候，果然有回到了自己家的那种感觉，虽然久违，却是最为随意也是不用刻意营造的浑然天成的气氛。

　　由于他们在菜单上写了"您会对我们著名的值得拍照的炖菜味道和腌柿子椒的质地感到惊讶"，我们就先点了一份被浓稠的酱汁浸泡过的红色、绿色和橙色的柿子椒。品尝后果然大吃一惊，咸鲜和甜味融合在一起，入口即化，拿捏得恰到好处，成了西班牙北部令我们最难忘的一道前菜。裹粉炸制的虾泥也是精彩至极，厨师对火候掌握得极好，外焦里嫩的程度堪称绝妙。最有趣的是在国内很少见到的两欧元一根的白芦笋，加了盐和香葱叶之后，只是简单地淋了一些橄榄油。我最初纳闷为什么要在盘子的边上摆放一些切得很小的土豆块，吃了白芦笋的根部才发现，原来那根部完全就是土豆泥的口感。我的主菜是太平洋无须鳕鱼，浇上浓浓的酱汁之后，外观很像中餐的红烧狮子头。本以为就是一块切成圆形的鱼肉，没想到厨师竟然将鱼肉中间掏空，填入了处理得具有恬淡之感的虾肉泥，也许是想让食客比较一下到底是鱼肉嫩还是虾肉嫩吧。令我赞不绝口的是青椒丁和小香葱，堪称点睛之笔，与鱼、虾肉和加了柠檬汁的酱汁一起吃，比某些米其林推荐餐厅的菜品要强出好几倍。王梓和我的太太点的都是餐厅最具特色的鸭肉,吃完之后,他俩异口同声地赞不绝口,说那酱汁最为出色,因为很好地化解了鸭肉的油腻,然后两个人就在那里猜测里面添加的调味料。

本以为前菜和主菜已经是绝品了,没想到甜品也同样惊艳。红酒炖梨我们在意大利的餐厅吃过很多次,本以为不会有太多的差异,但这家餐厅加的肉桂粉却是浓得化不开。甜点师提前做好放在了冰箱里,按照目前国内流行的说法属于一道"预制菜",但添加在红酒汁里的肉桂粉在冰箱里被冰镇了之后,所有的成熟与稳重都有尽在不言中之感。另一道青苹果冰沙里面加了烈酒,类似我在意大利蒙特法尔科酒庄喝过的格拉帕——一种把酿酒后残留的葡萄皮、梗、核与果肉等进行蒸馏,将蒸馏的蒸汽进行冷凝之后的高度酒。这是一道吃了之后必定会引发联想的甜点,我的结论是:尽管苹果已被碾压,但苹果却心甘情愿。

▲埃纳斯库阿斯餐厅的甜品红酒炖梨

餐厅的墙上挂了一幅海明威喝红酒的黑白照片，海明威右手拿着中餐厅里喝啤酒的那种普通玻璃杯（当时我们不明就里，第二天在布尔戈斯郊外的民居才恍然大悟）。餐厅经理说："海明威喜欢喝距离本地四十千米的一家酒庄的酒。我觉得这照片好看，就挂了起来。你们是不是以为海明威来过这儿，错了，我们才开业了二十几年，哈哈。"

▲埃纳斯库阿斯餐厅照片上的海明威入乡随俗，用平底杯喝红酒

2016 至 2017 年间，我们在意大利中部的蒙特法尔科、蒙塔奇诺、巴罗洛和巴巴莱斯科等产区的九家酒庄品了将近五十款酒，与酒庄庄主或品酒师接触的感觉甚好。由于我们在 2018 年的意大利南线之行没有预约参观酒庄，因此时隔一年之后，必须在西班牙弥补这个缺憾。况且葡萄酒还是古往今来的朝圣者们最喜爱的饮品，在法国之路上品酒，自有别样的心境，与过往不同。

离开洛格罗尼奥，我们住在克拉维霍的一家民居。窗外是 10 世纪前后一座建在砾石之上的城堡，隧道式的地下室则是房东堆满了几百瓶葡萄酒的酒窖，似乎是为我们翌日上午计划好的酒庄之行刻意准备的一首前奏曲。

　　前往法国之路第二个比较大的城市布尔戈斯时，正好经过康蒂诺酒庄。沿着西班牙第二长的埃布罗河前进，二十几分钟之后，就到了河流拐弯处平原里的一个无比舒心的田园。用最普通的石块和红砖垒砌的两排双层房屋就是酒庄对外宣称的"城堡"，由于这是在西班牙最大的里奥哈产区建立的第一家现代酿酒厂，"城堡"就成了酒庄员工最为自豪的称谓。

▲康蒂诺酒庄

　　早在两千多年前，里奥哈产区就开始种植葡萄和酿酒。19世纪末，由于邻近的法国葡萄藤长满了肉眼看不到的名为根瘤蚜的寄生虫，植株根部腐烂并大量死亡，一些法国酿酒师不得不另外找寻具有更好地理环境的地区，就把法国的酿酒工艺带到了里奥哈，在这里建立酒庄，开始成规模地酿酒。

　　然而，由于受到西班牙内战和"二战"的影响，为解决温饱问题，人们拔除了产区的大部分葡萄藤而改种农作物。康蒂诺酒庄之所以被称为里奥哈产区的第一家现代酿酒厂，就是因为它在1973年率先大批量地重新种植葡萄，从而在西班牙这片最适合酿酒的地方，成为里奥哈传统的第一个继承者。

酒庄的祖先就来自波尔多，起先在毕尔巴鄂地区种葡萄，但因为手上总得皮肤病，就再往南走，来到了这个更温暖一点的地方。此地虽处内陆，但因为南边的坎塔布里亚山脉挡住了热气流，北边的比利牛斯山脉又挡住了冷气流，且河流就在周边，即使是炎热的夏季也有合适的湿度，所以形成了内陆里的地中海气候，这是酿酒的一个绝佳的先决条件。

葡萄园占地六十七万平方米，主要种植源自里奥哈的经典品种格拉西亚诺葡萄。这种深红色的葡萄有着浓郁的香气和良好的陈年能力，但酸度的平衡却很难把控。酒庄的先驱者们经过多年的不断摸索和改进，终于通过混酿找到了最佳的解决办法。目前，干白葡萄酒使用三种、干红使用四种葡萄进行混酿。

▲康蒂诺酒庄的一部分葡萄园

我们在酒庄品了三款酒，2014年的珍藏款使用的葡萄品种和比例依次为丹魄85%、格拉西亚诺10%、歌海娜与马士罗各5%。这款酒的做法是先将葡萄去梗后在不锈钢桶中浸渍十五到二十天进行发酵，然后再在美国和法国橡木桶中存放两年，装瓶后再在地窖放置两年。我们品的这一款正处它的适饮期。我先闻到了李子味，第一口的感觉是单宁很重，口感紧涩，但慢慢地就变得柔和起来，杯中深色的宝石红里飘出了浓郁的香草味，从第二口开始就变得回味悠长。

▲在前一年的圣诞节期间，康蒂诺酒庄地窖潮湿的墙上现出了圣母抱着圣子的图形

有趣的是，酒庄每年都在地窖存放两百瓶酒，不贴标、不售卖，就为了留着自己喝。目前存放最早的酒产自1976年，但仅剩下十瓶，还有四十五瓶1988年的。跟随品酒师，我们还参观了地下的酒窖，长长的隧道两侧的酒架上堆满了贴标准备上市的酒。在一个角落，品酒师指着墙上说："因为地下潮湿，去年圣诞节的时候，人们发现墙上出现了圣母抱着圣子的图形，大家都觉得非常奇妙。"

王梓和我各买了两瓶2014年的珍藏款。仅仅品了一杯酒，就可以感觉到酿酒师通过混酿，让难以驾驭的野马变成了尽管有点小脾气但表面上却很温顺的公主。王梓对我说："这就是朝圣之路上一个生动的艺术。"

04 布尔戈斯与萨拉曼卡

一个是繁花似锦，一个是锦上添花

与很多其他国家一样，西班牙也曾以一个地区古代遗址群的名义向联合国教科文组织申报世界文化遗产，例如塞哥维亚老城及其渡槽、科尔多瓦历史中心、圣地亚哥－德孔波斯特拉老城区、阿维拉老城区及其城外教堂、历史名城托莱多、萨拉曼卡老城和卡塞雷斯老城区等。唯独布尔戈斯主教座堂是一个例外，1984 年作为西班牙第一次申报世界文化遗产并获批的项目之一，申报成功之后却一直没有"扩容"。在目前西班牙的世界文化遗产中，它是唯一的一座单体建筑。

在外观上，西班牙的教堂虽然与西欧国家大同小异，但其内部的形制却截然不同。通常，西欧的教堂都呈长方形或十字形，东西向的中殿和南北向的侧廊相交；从西侧的入口就可以看到尽头的主祭坛，一眼望去，气势恢宏，总有一种令人震慑的伟力。但进入布尔戈斯主教座堂之后就会发现，通透的空间感没有了，内部环绕着令人眼花缭乱的礼拜堂，主祭坛前面往往是唱诗班，如同故意做了一个方形的隔断，在视线的通透性上大打了折扣。

如此布局和构造是如何成为世界文化遗产的呢？教堂入口上方花

窗上的彩色玻璃从 1235 年安装上去之后，一直保留到现在，从来没有被更换过；中央穹顶的中心是一个八角星的图案，每颗星直指一扇窗户，外面的明亮光线从八角形指向的八面窗户外射进来，营造出一种充满暖意的神奇氛围；周围的十九个小礼拜堂大都采用了西班牙独有的被称为银匠式的装饰风格，它融合了早期哥特式和文艺复兴式风格，并融入了部分穆德哈尔式的元素，有别于西欧教堂里的礼拜堂从而呈现出典型的西班牙特色；文艺复兴式的主祭坛和给视觉带来极大冲击力的黄金楼梯等，反映了无数建筑家、雕刻家和工匠在从 13 世纪开始历经四个世纪的建设过程中展现出来的艺术创造力和表现力。尤其重要的是，这座哥特式大教堂充分体现了国际交流的精神，13 世纪时，工匠们受到了法国发明的哥特式建筑风格的诸多影响，从而对巴黎圣母院进行了成功的模仿。七个世纪之后，布尔戈斯模式又影响了法国，例如夏尔·加尼埃在设计巴黎歌剧院的时候，就参考了这座主教座堂里的黄金楼梯。

▲布尔戈斯主教座堂安装于 1235 年并保留至今的玻璃花窗

▲布尔戈斯主教座堂的黄金楼梯

我喜欢教堂门上的早期哥特式半月楣装饰风格的浮雕，但位于教堂东北角的康斯特布尔礼拜堂更令人叫绝。在祭坛上的文艺复兴盘饰风格的大理石花边之下，有一组涂金的华美雕塑，展现的是耶稣在出生后第四十天时被父母带到耶路撒冷圣殿接受祝圣仪式的场景。华盖精美无比，其下的所有人物也都被雕琢得栩栩如生，平视时尽显华贵，站在雕塑之下仰视，更会被那种无与伦比的艺术感深深感染。

在教堂内部的彩色木雕装饰方面，西班牙不愧为世界第一，除了在托莱多、塞维利亚也能看到类似的精美艺术品之外，布尔戈斯主教座堂众多小礼拜堂内的木雕作品，总是站在艺术的最高峰，放射出睿智和技艺完美契合的光芒。

不能在布尔戈斯主教座堂停留太久，否则很容易忘了时间的概念。从布尔戈斯到萨拉曼卡的两个半小时车程，太太驾驶，王梓导航，只有我是最轻松的一个。我一一记下了窗外路过的城市和小镇的名称，这是我从1983年大学毕业之后就养成的习惯。尽管烦琐，整理起来

▲布尔戈斯主教座堂门上的早期哥特式半月楣浮雕

▲从仰视的角度看布尔戈斯主教座堂内康斯特布尔礼拜堂文艺复兴时期的雕塑

也很花费时间，但闲暇的时候查一查沿途城镇的逸事，即使没有停车仔细游览，我也自得其乐。例如巴利亚多利德市有塞万提斯的故居以及西班牙第一座的马约尔广场；锡曼卡斯小镇有一座城堡，里面的四十六个房间里保存着12至19世纪的三千三百万份文献……诸如此类，看似琐碎，却是智慧的积累，犹如温润的浸染，成为又一种值得玩味的底蕴。

下午开到萨拉曼卡的时候，雨刚停，天阴冷。我们聚精会神地望着建于16至18世纪的萨拉曼卡新主教座堂的西侧立面，正在对那些银匠式装饰风格的杰作进行评价的时候，走过来两位男朝圣者，其中一位递给我手机，让我帮忙以立面为背景给他俩拍合影，我就顺势给他们每个人拍了一张"工作照"，然后目送他们向教堂盖章的方向走去。

▲萨拉曼卡新主教座堂西立面上的银匠式装饰

因为旧主教座堂面积狭小而在旁边再建一座新主教座堂的情况，这个世界上也许只有在西班牙才会出现，这也反映了西班牙人的一个共性：虽生性散漫，但精于融合。萨拉曼卡的新主教座堂不得不沿袭旧主教座堂的模式，因此其外表结构依然是与旧主教座堂相同的哥特式，但内部却融入了大量的文艺复兴和巴洛克风格元素。穿过新主教座堂，就是建于12世纪的旧主教座堂。相较而言，旧主教座堂的看点更多，也更令人印象深刻。例如这里有五排共计五十三幅木版画拼接而成的主祭坛画，描绘了耶稣和圣母生活的主要场景，其鲜艳和逼真的程度，不亚于布尔戈斯主教座堂里的那些木雕作品，这不但表现出西班牙艺术家与工匠们的技巧与活力，更是一种独辟

▲萨拉曼卡新主教座堂门前的一位朝圣者

▲萨拉曼卡新主教座堂门前一位骑山地车的朝圣者

蹊径的新精神，成为教堂装饰艺术的又一首赞歌。

去登旧主教座堂塔顶之前，王梓遇到了他当时任教的汤布里奇公学的一群学生和带队的女老师，异地相见，交谈甚欢。王梓说英国的

▲萨拉曼卡旧主教座堂由五十三块木版画拼接而成的祭坛画

私立学校每年的假期都要安排类似的修学旅行，目的是让学生们更多地接触世界各地的精致文化，而学生们也都非常喜欢这样的活动。

我们是三个幸运儿，登上塔顶的时候，天空大晴，阳光洒在罗马式、伊斯兰式、哥特式、文艺复兴式和巴洛克式建筑的外墙上，举目四望，蓝天白云之下一片片金灿灿的色泽格外炫目。原来，这些建筑都是就近取材，使用了郊外的维拉玛约尔出产的金色砂岩。我对王梓说："这真是一次空前的俯瞰！"

漫步在欧洲第三古老也是中世纪最伟大学府之一的萨拉曼卡大学的图书馆和数学系校园，到处都是暖融融的黄金色和蜂蜜色。贝壳之家的外墙上雕了三百五十个圣地亚哥圣殿骑士团标志的扇贝壳，这也是朝圣之路上最古老的标志。在保存于圣地亚哥－德孔波斯特拉大教堂图书馆的一份 12 世纪的《加里斯都抄本》中就提到了扇贝壳是走完朝圣之路的象征，是一种来之不易的荣誉。我不知道此后的行程里是不是还会有这样举世无双的场面，于是在西班牙最美丽的马约尔广场的咖啡厅里，我对太太和王梓说道："你俩继续前行吧，我已满足，现在就可以回去了。"

返回车库时途经圣塞巴斯蒂安教堂，二十分钟以后，我看见身后有一位老太太，就打开木门伸出右手示意让她先走，但她只是微笑，并没有要出去的意思。她用手势做出了要锁门的动作，我会心一笑，她则开怀大笑了起来。

我给这一篇定的小题目，一个是繁花似锦，一个是锦上添花。除了世界文化遗产的建筑之外，这里还有独特的住处和令人意犹未尽的美食。自2013年以来，布尔戈斯一直保持着"西班牙美食之都"的称号，很显然这是食客和评论家们在享用了很多家餐厅之后得出的结论。然而，我们却没有预订餐厅，而是想特意品尝一下民居女主人的手艺。对于我们三个嘴刁的人来说，如果民居的晚餐很高级，美食之都才是真正的名副其实。

布尔戈斯的这家民居，在BOOKING上评分9.5。用餐之后聊天的时候，女主人介绍说他们家住的这栋楼是15世纪的修道院宿舍，夫妇二人买下它之后重新装修，除了自住，其余的房间都用来接待游客。她说："我丈夫花了八年时间写了一本小说，杜撰的是本地9世纪的故事。他在大学学的既不是文学也不是历史，写小说就是业余爱好。这本书很难读，里面的名字很奇怪，我总也记不住，要不断地往前翻页，才能知道谁和谁发生了什么故事，就像读《尤利西斯》或者《百年孤独》这类书一样。"

当天晚上，民居里只有我们三个住客。女主人为我们做的前菜是将南瓜、土豆、葱和葡萄干磨碎并过滤之后熬成的浓汤，奇妙的是竟然用葡萄干来调甜味。她把十几个煮熟的鸡蛋切成两半，剥下蛋清，将蛋黄与三文鱼拌在一起搅碎，放进烤箱之前，在最上面撒了极细的土豆丝。烤焦的土豆丝与鱼泥和蛋黄泥恰到好处地融为一体，香得停不住口，简直令人欲罢不能。陆游《卜算子·咏梅》的"零落成泥碾作尘，只有香如故"，写的何尝不是这道主菜？

▲民居女主人为我们做的蛋黄焗三文鱼

甜点的柠檬慕斯加了薄荷叶和酸奶，显现出女主人开创性的一面，让我们马上联想到白天的布尔戈斯主教座堂里的那些木雕。餐后，女主人端来了三杯咖啡，她说西班牙人在家里喝咖啡都是用这样的大杯，与中餐厅的啤酒杯一模一样。洛格罗尼奥餐厅墙上的海明威就是用这样的杯子喝红酒，实证就在这家民居里。

女主人格外开朗又十分健谈，如果不是预订了第二天晚上在萨拉曼卡一座城堡内的住处，我们都想再住上一晚，只因她炽烈的西班牙热情，给我们带来了很多感动。

在萨拉曼卡附近的住处则是另外一番天地。穿过了最后几个小城镇之后，平原上只有葡萄藤和橄榄树，远远望去，只有一栋孤零零的建筑，它是一座建于15世纪、位于托帕斯小镇的城堡，现在被改建成名为真爱城堡的酒店。

▲由15世纪城堡改建的萨拉曼卡郊外的真爱城堡酒店

之所以冠名"真爱"，是因为传说有一位圣地亚哥主教和他的情人住在这里，但这对有情人却被教会强行拆散，两人死后，其鬼魂常常在城堡里出没。酒店里有上佳的设施，供应十足的暖气，王梓和我在陡峭的条石楼梯上上下下，希望能与鬼魂见上一面，然而可能是因为温湿度等条件不合适，他和她都没现身。

晚上9点半，我们去了城堡的地牢改建的餐厅用晚餐。

▲真爱城堡酒店内据说会有主教和情人的鬼魂出没的楼梯

也许冥冥之中自有默契，餐厅肯定预测到我们三个人都是古典音乐爱好者，刚点菜的时候，扬声器里就响起了巴赫G大调第一号无伴奏大提琴组曲的前奏曲。

前菜是菠菜、豆芽、胡萝卜、豆角和海带丝，豆角一定是瞬间焯水之后马上冰镇，脆生生的口感极好；菜上只淋了橄榄油和意大利香醋，吃起来是暗香，绝不是

▲萨拉曼卡郊外真爱城堡酒店地牢改建的餐厅

香油那样的张牙舞爪。第二道前菜是鲭鱼、白圆葱、番茄和绿色及紫色的柿子椒，我总以为鲭鱼和番茄合在一起吃会很腥，但与白圆葱和柿子椒搭配在一起，虽谈不上绝配，却相当美味，并没有违和感。我的主菜是用奶酪和白色的鱼肉酱汁烤的一整只扇贝和五个虾仁，端上来之前淋了一层奶油——这是厨师很有创意的搭配，鱼鲜和贝类的鲜融合在一起的清淡，要用浓郁的奶油来平衡。

餐后点了菜单上的舒芙蕾和名为"桃子炸弹"的两道甜品，十五分钟之后端上来的新做的舒芙蕾没有膨胀起来；桃子炸弹是用新鲜桃子切成的一个薄片，其下是白色的慕斯和紫色的冰激凌，不知道咋想的含义，吃起来口感也相当一般，带有噱头的名称搞得我们仨莫名其妙。

为什么萨拉曼卡从来都没被评上美食之都，仅靠这一顿晚餐，我们就找到了答案。

05 莱昂

最伟大的玻璃花窗

按照通常的路线，萨拉曼卡并不在法国之路上。在朝圣者走得最多的十几条朝圣之路中，白银之路的距离最长，起点是西班牙南部的塞维利亚，经由卡塞雷斯穿过萨拉曼卡之后，汇入法国之路上的阿斯托加。一千千米的路程，沿途并没有很多的旅舍，也缺少约翰·克罗在《西班牙的灵魂：一个文明的哀伤与荣光》中写的"日出或日落之际，大片玫瑰红或丁香紫的光影覆盖山脉，散发雄伟壮丽的宁静"那样的美景，却是西班牙南部朝圣者的不二选择。我们在萨拉曼卡新主教座堂门前遇到的朝圣者走的就是白银之路。实际上，沿着这条路到了阿斯托加向西而去，就会错过东侧最诗情画意的莱昂。

本来离开布尔戈斯之后，到达的法国之路下一个大站就是莱昂。然而对于热爱西班牙文化的我们来说，绕过萨拉曼卡的诱惑，简直就是一种不可饶恕的罪过。因此，南下进入萨拉曼卡，实际上等于体验了一小段白银之路。

离开萨拉曼卡北上，必须经过萨莫拉。这是一个几乎看不到游客而只能偶遇朝圣者的小镇，但在这样一个陌生的地方，却发生过卡斯蒂利亚国王桑乔二世遇刺身亡等西班牙历史上的重大事件。伊斯兰教徒和基督教徒在萨莫拉你争我夺，此地多次易手，好在原有的城堡、教堂和伯爵宫都没有遭到破坏，得以保留至今。

停好车，走到旅游接待办公室，看到门上贴了一张纸，上面印的"We Speak English"（我们说英语）是拉近人们之间距离的最好方式。萨莫拉老城区里共有二十四座建于12世纪前后的罗马式风格的教堂，是整个欧洲拥有罗马式风格教堂最多的城市。虽然我们计划聚焦最主要的几座，但听听当地人的建议，总比翻书、上网进行查找和比对来得真切，也更有参考性和时效性。这一做法，我们在第二天早晨的乡村民居再一次复制，效果甚佳。

一位女士拿出了本地的导游图，给我们标记了最应该去的几座教堂并给出了详细的建议。事后一想，我们真的非常感谢她的强调，否则很有可能会永远错过一处极其难忘的古迹。

经由主教宫，穿过半圆形的奥利瓦雷斯门，我们看到的萨莫拉主教座堂有很多早期罗马式风格的特征，这也是中世纪时代西班牙北部城镇居民朴素生活的真实反映。此时的教堂墙壁很厚，窄小的窗户大都建在墙壁顶端，整个建筑看上去就和不远处的萨莫拉城堡一样敦实和坚固。此后，当地人对其外观和内部进行了多处哥特式的改建，但是建于1151至1174年的罗马式半圆拱顶却没有变动，萨拉曼卡在建设旧主教座堂时，也采用了这种拱顶的形式。

在参观了圣伊西多罗教堂以及圣佩德罗教堂和圣伊尔德丰索教堂之后，我们找到了导游图上标为10号的马格达莱纳教堂。这是萨莫拉最纯粹也是最美丽的一座罗马式建筑，当我们在意大利、德国、法国和英国看了众多高耸的哥特式教堂之后，再看这样一座低矮的教堂，便感受不到那种强烈的震撼，甚至内心十分平静，就和这座教堂的外观一样简单而朴素。王梓和我都感觉仅仅看南面拱门上那些绝美的植物和人物装饰就够了，没想到里面的一座圣殿骑士的罗马式墓葬更令人眼前一亮，这就是幸有当地人友情提示才能大饱眼福的妙处所在。由此，我想起了二十多年前在珠江三角洲的餐厅里看到的一首打油诗，写的就是类似的感觉："放下扁担歇歇肩，喝口水来抽袋烟。有时闲来一句话，胜似低头忙一年。"

▲萨莫拉纯粹罗马式马格达莱纳教堂的门楣装饰

▲萨莫拉马格达莱纳教堂内的罗马式墓葬

萨莫拉没有过多地对外宣传自己的历史，因此很多细节并不被外人所知，例如萨莫拉主教座堂内展出了一面 14 世纪的大理石浮雕，系 2010 年考古发掘出土。虽然 14 世纪的雕刻不是石雕而主要是用贵重金属和象牙制成的小型雕刻，但正如贡布里希在《艺术的故事》中所写的那样，那个世纪的艺术风格"是倾向于风雅而不是宏伟"。我当时站在虽面目全非却富有质感的浮雕面前的唯一感觉，就是听到了西班牙文艺复兴的先声。

▲萨莫拉主教座堂展出的 2010 年考古发掘出土的 14 世纪大理石浮雕

回想我们开过的法国之路和北方之路，最五彩缤纷的一定是莱昂。久闻莱昂主教座堂玻璃花窗的美名，因此从停车场经由主街慢慢走向教堂的时候，我心跳得十分厉害，越靠近就越难以平复，很有"司汤达综合征"马上就要复发的征兆。正好路边有一家 1881 年开业的名为瓦勒的咖啡厅，王梓提议说"不妨我们先去喝杯咖啡吧"。我觉得这是一个非常好的主意，我竟然完全没想到。

我特别赞同约翰·克罗在《西班牙的灵魂：一个文明的哀伤与荣光》

中写的一段话："西班牙的大教堂给人两个非常强烈的整体印象：首先，从外面不是看它们最好的角度。它们的四周都是杂乱无章的石造建筑。它们的地理位置甚至不是最好的，譬如城市最高点。它们就像精雕的巨岩一样，从坚硬、粗糙、崎岖不平的地上冒出，外表并不起眼，也没有适当的视角去欣赏。可是一旦走进室内，给人的印象就完全不同了。当眼睛终于习惯室内的阴暗，就会看到截然不同的另一个世界。这里是西班牙的内在世界，是阴暗与挑高的世界，有不可思议的规模和难以比拟的美。这是多种风格和文化美妙融合的天地，是极为庄严、高贵且信仰深刻的世界。再没有别处可让我们连续观察这种从西班牙性格外显的庄严和克制中诞生出的西班牙的内在精神财富与尊严。"

莱昂主教座堂内的其他壮观之处，在那些完全可以用独一无二、无与伦比、超群绝伦、举世无双或登峰造极等表达赞叹的成语去形容的玻璃花窗面前，都可以忽略不计。我认为，仅仅仰望这些面积多达一千八百多平方米的玻璃花窗，就可以让我们充分领略西班牙人的内心世界，正如约翰·克罗所写的"再没有别处"。我从来没有看过如此密集、如此炫目、如此璀璨和如此多彩的花窗世界。令人懊悔的是，我前一天晚餐吃得兴奋，回到住处忘了给佳能 5D3 相机的电池充电，就在兴致勃勃拍照的时候相机突然关机，成为我在西班牙北线之行中最大的遗憾。

这些花窗在 13 至 14 世纪安装就位之后，迄今为止，几乎没有被更换过。蓝色很明亮，红色很深沉，绿色很娇嫩，黄色很温馨；有的很充盈，有的有留白；有的错综复杂，有的言简意赅。这些五颜六色的碎片，组合并幻化成一个又一个神奇的精神世界，在外部光线和内部灯光的交相辉映之下，营造出了最神圣和最高贵的氛围，比那些哥特式教堂里单纯镀金的艺术作品有着更沁人心脾的感染力。我感觉弥漫在整个空间里的，是单色历史情节与内心现实感知的深邃共鸣。这是一种任何语言都复述不出来的最伟大的融合，是色彩的魔法，是质变的温情，是心境的光晕，是感怀的升腾。既然这样，我怎么可以在布尔戈斯对太太和王梓说我要先打道回府的话呢？错过了这样的美丽，这一生都会追悔莫及！

▲莱昂主教座堂

晚上 7 点半离开莱昂的时候，天还大亮。在途中阿斯托加郊外的十字路口，我让太太停车，因为

▲莱昂主教座堂内，迄今为止我看过的最壮观和最美丽的玻璃花窗群

我看见在四周都是田地的中央，有一座孤零零的小教堂。虽然这座建于 16 世纪的教堂已经关门，但门边竖立石碑上的文字却意味深长。最上面用德文刻着 1912 年出生的德国神学家伯纳德·哈林的一句名言"Vom Glauben, der gesund macht"，其下又分别刻了日语"信仰は健康の泉"和其他语种的译文，最下方是中文手写体的"信仰来源于健

康"。这句话很值得玩味，以前我总听说信仰对健康具有深远的影响，那么是不是也可以译成"健康来源于信仰"呢？

车子开到阿斯托加郊外我们预订住处的圣卡塔利纳－德索摩萨小镇时，已经晚上8点半了。莱昂的玻璃花窗已经让我们审美疲劳，因而在小镇的一家民居办理了入住手续之后，第一眼只觉得别具一格。当时饥饿战胜了注意力，这里没有给我留下更多美妙的印象。

当地人都是晚上9点去餐厅吃饭。我们放好行李箱，就马不停蹄地开往距离民居二十分钟车程的巴尔德圣洛伦索小镇。由于我们三个吃货特别喜欢异域的美食，王梓提前两个月预订了一家名为拉·莱切里亚的米其林推荐餐厅，据说他们的煎贝柱特别美味。

这座中世纪的小镇只有五百多人口，因为在山区，到处都是坡路。透过关着门的酒吧窗户，可以看到聚会的青年男女正在酗酒，但走在街道上，却听不到任何喧闹。前菜是两个煎贝柱，配以用蒜片炒的花菜、茄子、小丝瓜、芦笋、豆角和西蓝花。很显然，我觉得厨师的意思是不要单独去吃贝柱或者炒蔬菜，因为在这样一个静谧的小镇里，需要的不

▲巴尔德圣洛伦索一家米其林推荐餐厅的
两道无比美味的前菜

是偏见而是平衡。那贝柱肉煎得软嫩无比，少一秒不地道，多一秒就显老。用餐前面包蘸了剩余的酱汁来吃，简直妙不可言。第二道前菜是当地的鹰嘴豆炒虾仁，我也给它打了高分，清香的橄榄油绕梁三日，豆子的绵软反衬了虾仁的轻韧，在罗勒叶碎的配合之下，有着含情脉脉而又情不自禁相融的妙趣。点甜品的时候，女侍者说："我们这里没有英文菜单，你们可以用手机拍一下，让翻译软件译出来。"

也许是晚餐的余韵一直持续着，第二天我醒得特别早。与以往不同，这次醒了之后再也没有继续睡囫囵觉的意思，索性起床。打开窗帘望向窗外，我看到晨光中有一条窄窄的小路通向远处的小教堂，难道这就是朝圣者们徒步的朝圣之路？太太和王梓睡得正香，我突然心生一计：何不去走一走朝圣之路呢？

我在不经意间唯一一次踏上了朝圣之路。太阳刚刚升起，周围没有一个人，除了鸟鸣，就是登山鞋踩在碎石子路上的声响。路边的石碑上有油漆涂的黄色箭头，还雕刻着一只扇贝壳。我从兜里掏出了民居的钥匙，钥匙上拴着的一只木质扇贝壳在晨光里泛着金黄。我举起钥匙，特意用手机将两只扇贝壳拍在了一起。

▲民居钥匙上拴的木质扇贝壳和路边石碑上雕刻着的扇贝壳

从中世纪开始，朝圣之路上就有了扇贝壳的标记，这也是古往今来的朝圣者在走完全程之后所得到的最好的信物。据说圣地亚哥在西班牙传教时，经常用这些扇贝壳为信徒施洗；还有另外一种说法，信徒们带着圣地亚哥的遗体在西班牙海边正准备上岸的时候，看到一匹失控的疯马驮着一名贵族骑士冲入大海，大家都以为这名骑士必死无疑，但骑士却被大量海藻缠住的扇贝壳接住，信徒们都认为这是一个好兆头，便选择以扇贝壳作为圣人的标志。

大约走了半个小时，距离早餐的时间还有四十分钟，我决定折返。临近住处，一位穿着厚上衣但下面只穿了短冲锋裤的男朝圣者迎面走了过来。早晨的气温很低，他从嘴里呼出白色的哈气，两人靠近的时候，彼此微笑着说了一句"Camino"。在西班牙语中，这个单词指的是路，然而在朝圣之路上，

▲早晨，在朝圣之路上向小镇教堂走去的朝圣者

这又是一个最言简意赅的代名词。我知道我说的"Camino"的意思是："我向您的毅力致意。"

回到阿维斯乡村酒店，才发现昨天晚上因为天黑，我并没有仔细看酒店内部的样貌。男主人和王梓正站在院里，他介绍说："这是一栋建于1776年的老房子，但早已经被废弃。我和太太买它的时候，

房梁和门窗都没有了，大门只用一些木板封住。买下来之后，我们重新布局和装修，除了自己住，就是租给游客或者不想住便宜旅舍的朝圣者。开业一年半了，这里住过从美国来的中国人，而你们是第一批从中国来的中国人。"

门厅接待客人的前台是用一台旧缝纫机改装的；朝向院子的客房有一扇红色的小窗，窗台上的花瓶里插着深绿色的树叶，与模仿中世纪风格的小比例石刻人像和映在玻璃上的蓝天白云合成了一组简单到极致的小景观；餐厅是房子以前的厨房，尖状的排烟道和砖砌的圆形面包烤炉，简直就是教堂里那些哥特式与罗马式元素的混合体……早餐后，我们与夫妇二人相谈甚欢，聊了将近一个小时。我问那些别致的装饰出自谁之手，男主人指了指太太说："我的妻子。"

民居的走廊和餐厅以及房间里，到处都是各种鸟的标本、图画或者鸟的变形的装饰物。男主人见我总是盯着鸟看，说："这周围有很

▲小镇民居主人介绍他们给我们准备的早餐

多鸟，鸟把人们的灵魂带到了天国。上帝给鸟安上了一对翅膀，鸟就变成了天使。"

我特别喜欢院子角落的水龙头，那是一只黄铜的麻雀。男主人故意没关紧，让水流下来，落在水池里的声音就像给鸟鸣做的伴奏。它给了我很多启示，因此我在2022年秋天重修自家小院的时候，特意也买了一款一模一样的"麻雀"，又买了一只绿铜色的"翠鸟"安了上去。我家院外的树上也有很多鸟，既然鸟有一对翅膀，鸟也应该是一对才对。

▲左：我家小院里的麻雀水龙头；右：民居院子里的麻雀水龙头

结账离开的时候，夫妇二人送我们出来。男主人指着远方说："我们现在在海拔一千米的地方，那边的雪山海拔两千二百米。这里是朝圣之路上最重要的路段之一，你们再开三十千米，就到了朝圣之路海拔一千五百多米的最高点。"他还建议我们先去周围几个纯粹的中世纪小镇看一看，说看了之后我们肯定会大吃一惊。

我们上车之后，按下窗玻璃挥手向这一对令人备感亲切的夫妇告别。女主人叮嘱道："路上风大，雨雪交加，路窄、弯路多，你们一定要慢点开。"

在车上突然诗兴盎然，我在朋友圈里码字道：

中世纪的房屋早已废弃，
朝圣者的小路依旧金黄。

翻过那座白雪的山峦，
重要的是你放下了什么。

我们这些没有信仰的人，
应该像他们那样学会解脱。

06 圣地亚哥－德孔波斯特拉

起点和终点，结束与开始

　　按照最初的计划，我们准备去看阿斯托加主教座堂，因为那里的祭坛画和雕塑都是西班牙文艺复兴时期的杰作。然而在听了圣卡塔利纳－德索摩萨小镇民居男主人的建议后，我们便临时改变了行程。自驾旅行的一大乐趣，就是可以随时改主意。

　　接近中午时从民居出发，五分钟之后我们就开到了卡斯特里略－德·洛斯·波尔瓦萨雷斯小镇。从唯一的入口望过去，所有的房屋都是用石头砌起来的，用的应该是与萨拉曼卡郊外同样的金色砂岩。这里原来是中世纪贩运葡萄酒和各种商品的骡夫们居住的地方，因此驮运物品的石板路修得十分宽敞。除了几家接待朝圣者的庇护所之外，在这个几乎没有游客的偏僻

▲卡斯特里略－德·洛斯·波尔瓦萨雷斯小镇的米其林推荐餐厅，橱窗和没有砂浆的石墙

地方，竟然有两家米其林推荐餐厅，其中一家餐厅石墙上的石块堆起来时根本没用水泥之类的砂浆进行黏合，石块之间留着很大的缝隙。如果不是因为早餐吃得晚，我们真想进去碰碰运气。

转到小镇里的圣胡安包蒂斯塔教堂，正当我们津津有味地环视时，从主祭坛侧边门里走出一位戴领带、穿黑皮夹克的老者，走到我们旁边停下来，指点着教堂里的文物，用西班牙语开始了他的讲解。出于礼貌，我们只能装作听懂似的频频点头，本以为这场没有互动的对话很快就会结束，没想到老者竟然一口气讲了十五分钟。王梓说了"对不起，我们听不懂西班牙语"之后，老者的滔滔不绝依然没被阻挡。直到陆陆续续进来了五六位本地的居民，这场单向的"布道"活动才得以结束。民居男主人说在这个小镇停留二十分钟足够了，但我们竟然待了一个小时。

男主人推荐的第二个中世纪小镇叫作拉瓦纳尔－德尔卡米诺。凡是走法国之路的人，在翻越海拔最高处之前，都会在这里住上一夜，以补充体能，养精蓄锐。通往小镇的道路很窄，又有很多急转弯，然而在小镇停留了一个小时之后，我们都觉得这一行程超值。

这里有法国之路上最古老的十家庇护所，接待过从

▲拉瓦纳尔－德尔卡米诺小镇一家庇护所门前用各种语言写的介绍牌

中世纪开始的数不胜数的朝圣者。在一家古老庇护所的院子里，一位男朝圣者走了进来，起初我们并没有察觉任何异样。然而就在他将要靠近第一级石阶的时候突然停住了，左手扶着石墙一动不动，僵硬地足足站了两三分钟之后才又迈开双腿，艰难地走上了石阶。

▲一位朝圣者靠近古老庇护所楼梯的时候，再也迈不开沉重的双腿

与前一个小镇一样，这里也全都是石头垒砌的房子，唯一不同的是单独或者结伴而行的朝圣者络绎不绝。在一个小卖部门前，太太遇到了四位朝圣者，跟正在喝罐装饮料的三女一男说"我们是开车过来的"，引得他们大笑个不停。

▲拉瓦纳尔－德尔卡米诺小镇的四位朝圣者

在通往小教堂的路上，一位韩国的朝圣者从我们身旁急匆匆地走了过去，回头看了我们一眼，用韩语说了一句什么，我们表示听不懂，他就用英语说"教堂正在做弥撒，赶紧进去吧"。

广场边上有一家院子很大的庇护所，咖啡一欧元一杯。我们去的目的完全不是咖啡便宜，而是看到一位又一位朝圣者朝这里走来，便想进去看看究竟会有什么样的故事能让我们亲历。坐了五分钟，来了一对巴西夫妇，办好入住手续之后，就和我们攀谈了起来。他们从莱昂主教座堂出发，经由阿斯托加走到这里，三天共计徒步六十七千米。那位女士知道我们是看客，便主动给我们看她的朝圣者护照。在封二那一页，填写了签发日期4月4日、姓名、住址、护照号码以及出发地点莱昂。

▲拉瓦纳尔－德尔卡米诺一家庇护所的男士正在给巴西朝圣者夫妇的朝圣者护照盖章

▲巴西夫妇的朝圣者护照内页

庇护所的一面墙壁上贴满了照片，来自世界各国的男女朝圣者肤色、年龄各异，一张张照片浓缩了他们的经历和毅力。在走廊的尽头，我闻到了一股浓浓的味道，那是从晾在鞋架上的登山鞋或者大通铺里飘散出来的异味与汗臭味融合的气味。

从拉瓦纳尔－德尔卡米诺开到法国之路上海拔最高的丰塞巴顿只需要十分钟。这里万籁俱寂，只有雪水在草地上融化了之后汩汩流淌的声音。覆盖着白雪的土堆之上，一根高高的木柱直指天穹，朝圣者们用各种语言写的卡片和信物或是粘贴或是直接扎在木柱上。尽管有的字迹已经模糊，但我觉得有信仰的他们笃信曾经的寄托早已飘到了天国。

我热爱旅行，乐意享受所有过程，也能很快地淡化偶尔出现的遗憾之情。例如在蓬费拉达吃过午餐，走到山坡上的圣殿骑士城堡，本想在令人浮想联翩的城堡内一探究竟，走到门前却看到了一张临时通知，说当日此处临时关闭。

英国历史学家丹·琼斯在《圣殿骑士团：崛起与陨落》一书中描写的 1119 年刚成立时的圣殿骑士团令人崇敬，因为骑士们甘愿抛弃自己的财产，服饰简朴、饮食清淡，信奉的原则是守贞、服从和清贫，一如团体最初"圣殿的贫苦骑士团"的名称。他们甘愿付出自己的生命，只为了一项事业：保护耶路撒冷之路上的朝圣者，追求一种精神生活并探寻智慧。因此对很多人来说，圣殿骑士不是古代的豪杰，而是自己身边随处可见的实实在在的英雄。14 世纪初期，因为风头过甚，圣殿骑士团遭到梵蒂冈教廷的清洗。而此时的西班牙正在进行伊比利亚半岛的光复战争，四处招募被驱离的圣殿骑士，希望借助骑士的力量来抗击摩尔人。来到蓬费拉达的圣殿骑士们加固并翻建了原有的一座城堡，保护走在圣地亚哥朝圣之路上的朝圣者免受摩尔人的滋扰。

城堡门前有几个骑山地车的男子正准备冒雨出发。这里是法国之路上骑车者的起点，从这里出发，需要骑行二百千米。

按照规定，朝圣者如果想要获得证书，必须在规定的时间内徒步一百千米或骑行二百千米。从圣

▲蓬费拉达的圣殿骑士城堡外观

让－皮耶德波尔出发的七百九十千米，不属于没有坚定意志、充沛体力和吃苦精神的人。因此，自有规定以来，一些朝圣者就选择了从距离终点一百一十二千米的萨里亚启程，用时一周，每天大约走十五千米。

带着对朝圣者的钦佩之情，我们三个偷懒的人在傍晚的时候，开到了萨里亚郊外的民居。

从停车的位置到二层小楼是一段四十米长的弯曲石子路，重重的行李箱不便拖行，只能拎着。走到楼前时，民居夫妇的三个尚未成年的儿子在窗户后用好奇的眼神望着我们，也许与前一天一样，我们是这家民居接待的第一批东方面孔吧。

女主人长得酷似已经退役的曾获两座大满贯的西班牙网球运动员穆古拉扎。最能干的是男主人，既负责入住登记，又是早晚餐的厨师，

还开车迎送住在这里的朝圣者。

订房的时候，王梓预订了在民居吃晚餐。让我们惊讶的是，这里和某些米其林星级餐厅的做法一样，不提供菜单，且菜品都来自当季的食材，只询问客人有没有什么忌口。王梓提前回复说有一个人不吃猪、牛、羊之类的红肉，对方回复了一句"明白了"。

办理了入住手续之后，换上了白色厨师服的男主人就在落地窗后的厨房里忙了起来。我们坐在院子里，看他往笼屉里摆放蔬菜。当时谁也不知道这是什么路数。看到晚餐端上来的第一道前菜是蒸蔬菜，我们才恍然大悟。在切成条的胡萝卜、豆角、菜花、西蓝花和芦笋上面，男主人撒上了喜马拉雅岩盐、橄榄油和香醋，这是一种显而易见的提示：任何一段征程，都从轻装简从开始。

▲萨里亚郊外民居男主人做的甜品舒芙蕾和百香果冰激凌

我的主菜是煎三文鱼配野米和煎的芦笋、红椒与滑子蘑，酱汁的主要原材料是甜菜和红柿子椒。鱼皮煎得酥脆无比，与其他配菜合起来吃，每一次入口都感觉生机勃勃。用甜菜和柿子椒酱汁来平衡

▲萨里亚郊外民居男主人正在做翌日早餐的面包和糕点

三文鱼的脆香，男主人一定想表达，任何一种张扬，总有抑制它的因素如影相随。令我赞不绝口的不是菜品恰到好处的平衡感，而是在这样一个不靠海的静谧的乡村，男主人竟然与海边厨师处理冰冻鱼块的手艺不相上下。男主人做的舒芙蕾非常成功，入口即化，与百香果的冰激凌搭配起来，强调的也是一种与主菜一样的调和手法。邻桌两对西班牙夫妇吃完甜品之后也做出心满意足的表情，一位女士朝我竖起了大拇指，一定是觉得男主人的手艺比自己高出了不少。

做完了我们和旁边一桌客人的晚餐之后，男主人又在厨房忙着准备翌日早餐的面包和糕点。看得出，他是这个家里最能干的人。妻子主打貌美如花，丈夫负责赚钱养家，这个通则除了中国，或许也适用于西班牙。

第二天早晨，打开卧室的窗户，我再一次看到了一个令人心旷神怡的西班牙。晨光照在尚未长出新叶的树干上，带着露珠的绿色草甸

▲萨里亚郊外民居早晨窗外的景色

披上了金黄色的绒装。云彩尚未变白，薄雾化作升腾的水蒸气，依附在我刚刚打开的玻璃窗上。仅眨眼的一瞬间，眼前的景色就从朦胧的美变成了弥漫的美。这是一片澄明与净澈的天空与土地，算不上辽阔，却满是静谧与和谐。

在我眼前的本来是一幅诗意的画面，但当我联想到男主人的时候，就陷入了无解的思索之中。他不会英文，寡言少语，即使面对前来入住和用餐而给他家带来收入的客人，也从不微笑。端上菜来，放下盘子就走，生怕多停留一秒就会使他的舒芙蕾膨胀不起来一样。早餐的时候，女主人说她丈夫开车去送昨天用晚餐的那两对夫妇了，因为他们要从萨里亚小镇出发，开始为期一周的徒步。女主人自豪地说："我丈夫性格内向，但他是我们村里最多才多艺的人。"

约翰·克罗在《西班牙的灵魂：一个文明的哀伤与荣光》里说西班牙人的"个人尊严有时让人钦佩，有时又使人恼火。自我是他的重心，他这个个体具有神圣且不可替代的价值。在宇宙中，他可能什么也不是，但对他自己来说，他就是一切"。虽然男主人并非自我中心主义者，但我们希望通过旅行来更多地了解一个国家多彩的文化和一个民族多重的性格。住在民居，就是最好的选择，而每一次入住，都会收获良多。

听了在蓬特拉雷纳遇到的华人女朝圣者的建议，离开萨里亚郊外的民居之后，我们没有径直开向圣地亚哥－德孔波斯特拉，而是朝着穆夏开去。窗外的景致比早晨在民居里看到的油画般的画面更具动感。偶尔开窗的时候，一股伐过的木头气味扑面而来。此后一路上狂风暴雨，三小时之后才风停雨住。我再开窗，便闻到了海的味道，穆夏到了。

信徒们在用餐的时候总是默念一段祷告词，我改动了其中一些字，因为站在大西洋岸边的航船圣母教堂前，望着猛烈拍打着礁石的大浪和碧蓝海水的时候，我认为最符合当时心境的，只有这样几句话：感谢上帝给予我们的食物，感谢上帝让我们顶风冒雨沿着蜿蜒曲折的山路平安顺利地到达这里。让我们怀着一颗感恩的心，接受上帝给予我们的恩惠。

　　上天只给了十分钟的时间让我们拍照，黑云旋即压顶，黄豆大小的冰雹砸到了教堂的门口。忍受了十几分钟的狂风，天又放晴，我们来到拍摄《朝圣之路》最后几组镜头的地方。电影中的父亲带着儿子的骨灰盒走到法国之路终点的圣地亚哥 – 德孔波斯特拉之后，又跟随其他三个朝圣者来到穆夏，将最后一些骨灰撒进了大西洋里。

◀穆夏的大西洋海岸，右侧是航船圣母教堂

◀穆夏海边的"晃动之石"，我觉得它就是朝圣之路上最大的"扇贝壳"

岸边有一块天然的"晃动之石"，人们都说它酷似倒扣的船体，但我却觉得称其为倒扣的扇贝壳更为合适。当一个走完了七百九十千米的人站在这里面对这个巨大的石块，他是倾向于石器崇拜还是将此归类为神力魔法呢？我觉得都不是，他只相信他自己。

岸上有一块石碑，在扇贝壳和黄色箭头之下镶嵌着一块铜牌，上面的黑色字是代表 0 千米的"Km 0,000"。穆夏被称为"世界的尽头"，但为什么在尽头的地方画上的不是句号而是箭头呢？站在这里，最能引发思考，轮回、循环、结束、开始……哪里是起点，哪里又是终点？短暂的朝圣之路结束了，漫长的人生之路呢？

▲穆夏岸边代表 0 千米的石碑

傍晚 6 点，我们开到了法国之路的终点圣地亚哥－德孔波斯特拉。在一家由八百多年前的修道院改建而成的圣方济各纪念碑酒店办好入住手续之后，离晚餐还有一个半小时，于是我们前往一百五十米外的主教座堂，为第二天的行程探路。

所有朝圣者走到这座城市之后，都重点要办理两件事：参加教堂的朝圣者弥撒和熏香仪式；领取一份朝圣者证书。中世纪时代，朝圣者们因为长时间不洗澡，浑身都散发出一股股恶臭。教堂特意设置了一个巨大的香炉，可用绳索和吊轮吊起来在朝圣者上方来回拖动，由此去除一部分臭味。如今，熏香成了一种象征性仪式，会在每天中午12点开始的弥撒之后举行。然而此时的教堂内部正在翻修，到处都是脚手架，悬挂香炉的地方全被铁板遮挡起来，整修工程计划2021年才会完工。

▲从广场上看圣地亚哥－德孔波斯特拉主教座堂

主祭坛下方的地下室，也就是最初盖小教堂的地方，安放着圣地亚哥的银棺。棺内重新收殓的遗骸到底是不是圣地亚哥并不重要。几位虔诚的信徒一动不动地在那里长跪不起，栏杆里摆放着许多鲜花和卡片，这都是朝圣者们顺着各条路线走到这里后最后一次留下的寄语。

晚餐我们特意选择在酒店餐厅品尝按照过去修士们用餐的菜谱做的套餐，共有三套，每套二十欧元。三人各点一套，正好可以全部领略最具代表性的修士餐食。

前菜或是烤蔬菜配煮蛋，或是弗朗西斯修道会的鱼汤，或是配了奶油酱汁的炸菜花，都很清淡，我感觉这是在强调要清心寡欲。主菜是葡萄牙修道院配方的烤鳕鱼、炖大西洋的金头鲷以及塞万提斯在小说《堂吉诃德》中提到的炖鸡配奶油酱，比前菜的味道浓郁了很多，尤其是烤鳕鱼，奇香无比。最有意思的是各有其妙的三道甜品，第一道是传统的复活节甜点——星期三法国吐司，将面包在牛奶里浸泡之后油炸，再配上核桃和蜂蜜；第二道是圣克莱尔修道院的发明，将淀粉、牛奶和糖搅拌在一起加热，直至变成面疙瘩状，然后油炸，再撒上糖粉和肉桂粉；第三道的做法源自一家女修道院，所用的薄饼和奶酪以及蜂蜜都来自加利西亚。

▲修士套餐里的三种甜品

　　所有砖色的陶制餐具都很质朴，我在端起盘子的时候，手指被盘底已被烧结变硬的沙砾划得生疼。晚餐之后，我们走到门外的空地时，乌云已经飘散得无影无踪。我抬头仰望，想以"宁可信其有"的心态去寻找指引牧羊人找到圣地亚哥陵墓的那颗星，然而明亮的至少有十几颗，令我无法分清。我不相信传说，却十分赞同走过法国之路的巴西作家保罗·柯艾略在《朝圣》一书中写的一段话："我站立着，试图理解头顶这片神秘的银河。它的繁星指引我来到这里，并默默地引导着全人类的孤寂与命运。"

第二天上午，我们去了白色外墙的二层小楼，那里是朝圣者办公室。来到这里的朝圣者都要在柜台向审查员出示朝圣者护照，审查员会逐一核查上面的印章，例如若从萨里亚出发，是否每天盖了两个不同地方的印章等。走廊里一位女朝圣者正在门外等候，我等没有资格靠前，只远远听着房间里一问一答的对话声。

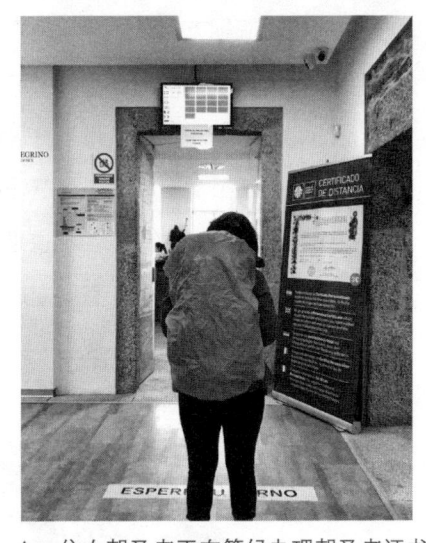

▲一位女朝圣者正在等候办理朝圣者证书

办公室里一定发生过很多有趣的故事，让-克里斯托夫·吕芬在《不朽的远行》中写过一段生动的情节："当女职员说根据规定我走的距离不够的时候，我大吃一惊，跳了起来。八百千米还不够？原来，她没把我那皱巴巴的折叠小册子完全展开。终于，正义得到伸张，我带着证书离开了办公室。（证书）一旦到手，曾经那么渴望得到的这张纸就显得有些可笑且没有意义。"

既然在主教座堂看不到熏香仪式，我们便决定上午就离开这里，沿着原计划的北方之路开往租车地图卢兹去还车。圣地亚哥-德孔波斯特拉是朝圣之路的终点，但此时此刻又成了我们的起点。我们走完了法国之路，现在又要走北方之路，因此这个地点对于我们来说，既是结束，也是开始。

07 奥维耶多周边

美术史的第一页，是西班牙

出生于圣地亚哥-德孔波斯特拉的西班牙浪漫主义女诗人罗萨莉亚·德·卡斯特罗在一首诗中如此描绘西班牙北部加利西亚的风光："湖泊、小瀑布、急流、缤纷的草原、谷地、山脉，时而蔚蓝平静如意大利的天空，忧郁阴霾的地平线，总像瑞士的风光那样美丽；宁静祥和的溪流和河岸，狂风暴雨掀起惊涛骇浪。喷泉和急流向前奔涌，喷出晶莹水花，时而穿过微小的田野，时而进入深沉而幽暗的峡谷……"

离开圣地亚哥-德孔波斯特拉的一路，诗人眼中的风景在我们眼前一一浮现。经过洁净无比的波尔布塞多、瑞士风光复制版的蒙法达尔以及桥下山谷里小教堂和低矮红砖房交织在一起的洛伦扎纳等五十几个美轮美奂的城镇，两个小时之后，透过左侧的车窗，我看到了湛蓝的坎塔布连海。

这一天，我们行驶在圣地亚哥朝圣之路的北方之路上。

在圣地亚哥陵墓被发现之后，从 9 世纪开始，由于西班牙内陆多被摩尔人控制，人们只能选择最容易抵达圣地亚哥-德孔波斯特拉的北方之路前去朝圣。这条路又称为原始之路，因为当年阿斯图里亚斯国王阿方索二世得知圣地亚哥陵墓被发现的消息之后，作为历史上的第一位朝圣者，走的就是这条线路。然而，海边多是曲折蜿蜒的山道，虽风景如画，但气候复杂，遇到秋冬的风雪天气，徒步者面对的不仅是不便，还有更多意想不到的困难。因此自然条件更好的法国之路，就成为大多数朝圣者的选择。

21 世纪初期，北方之路又开始活跃起来。根据朝圣者办公室的统计，每年超过一万五千名的朝圣者（占总数的 6%）踏上这条海景路。最远的来自英国，从普利茅斯等港口坐船进入西班牙，在法国西部沿着坎塔布连海东海岸走到作为起点的西班牙伊伦小镇，再穿越巴斯克、坎塔布里亚、阿斯图里亚斯和加利西亚到达终点；或者为了节省体力，乘船开抵法国波尔多之后，走到伊伦并入北方之路；另有一些人则从波尔多再次乘船，在西班牙的桑坦德上岸，再开启距离终点四百八十千米的旅程。尽管北方之路上的庇护所不多，却有很多在法国之路上感受不到的幽静。用一些朝圣者的话说，他们这样走就是为了"逃离法国之路的拥挤"，更便于做深刻的反思，也让醒悟来得更加纯粹。

在法国之路上开开停停，因为我们想尽可能多地了解朝圣者和他们在沿途经过的主要城镇；而在北方之路上，我们希望更全面地探索西班牙北部的文化，便选择了几个最典型的地方例如奥维耶多、里瓦德塞利亚、海边的散提亚拿、毕尔巴鄂和圣塞巴斯蒂安进行游览。在这些大大小小的城市和乡镇里，我们既去了旧石器时代史前人类在岩壁上作画的洞穴，参观了西班牙语发源地的修道院、博物馆和美术馆，也在酒庄品饮了葡萄酒，品尝了米其林二星餐厅极为前卫的分子料理。

在我们的视野中，北方之路上的山峦、海岸和村镇构成西班牙最美丽的风景，处处是油画，令我们叹为观止。约翰·克罗在《西班牙的灵魂：一个文明的哀伤与荣光》中，这样描写了这片美丽的土地：

"云雾缭绕，潮湿多雨，但青翠凉爽，有许多果园，水源丰富。崎岖的山区，石屋稳固地坐落在山坡谷地，即使在夏日也看得见袅袅炊烟。山区的乡村教堂风景如画，有着原始而动人心弦的古意。山区的居民多愁善感，他们对家乡满怀热情。这个地区的人吃得比南方人好。"

的确吃得好。下午3点坐在里瓦德奥湾跨海大桥下方的圣米格尔餐厅向窗外望去，码头里只能坐四五个人的几百艘小型游艇停放得整整齐齐，在刺眼的阳光下，那些纯白色的船体如同一面巨大的反光板，反射出更通透也更令人舒畅的空间。就在我们观赏在法国之路上永远也看不到的景色时，女店员端来了餐前小食——一盘烤得很脆的切片小面包、一盘蛋黄酱和褐色的鱼肉糜。一入口，扑面而来的就是一股靠海吃海的气息。前菜装在一个扇贝壳形的白色瓷盘里，在加了切碎的蛋清、葱和香菜末的螯虾肉与蜘蛛蟹肉上淋了橄榄油，最令我们叫绝的是虾、蟹肉底下的腌圆葱，简直就是画龙点睛。因为我以前在日本商社工作的时候做过将这种贝类出口到日本的生意，所以蒸杂色蛤一端上来，就感到了一种久违的亲切。这里的厨师只将其加了香菜碎和橄榄油去蒸，让我又体验了一种新吃法。主菜是在里瓦德奥湾捕捞的个头很小的扇贝，厨师加了盐、蒜泥、香菜碎以及橄榄油去蒸，虽然没有国内炸蒜蓉粉丝蒸圆贝的蒜香味，但贝柱有一种恬淡的鲜味，逗留在嘴里，久久不愿散去。尤其是用烤面包片蘸着汤汁吃，更是绝配。

正喝咖啡的时候，天突然阴了下来。抬头望向窗外，只见跨海大桥上一前一后的两位朝圣者，背着裹了橙色雨罩的厚厚行囊，缓慢地向圣地亚哥－德孔波斯特拉的方向走去。那姿势如同被放逐或被驱离，然而在他们的身上，总是带着赎罪的理性与出发时的盟誓，更有一种常人不具备的意志。当时我望着桥上的场景所想到的，只有默默地祈愿他们能有一个完全解脱式的抵达。

▲里瓦德奥海边餐厅窗外跨海大桥上的两位走在北方之路上的朝圣者

　　拥有二十几万人口的奥维耶多是北方之路上的一座大城市，它曾经是阿斯图里亚斯王国的首都，当年阿方索二世就是从这里出发前往圣地亚哥－德孔波斯特拉朝圣的。值得庆幸的是，虽然受到西班牙内战时期的破坏，但街道上仍然遗留着十几栋一千多年前王国时代开创的前罗马建筑风格的建筑。这种风格又称为"阿斯图里亚斯样式"，其最大的特点是外轮廓以直线条为主，辅以罗马式拱门和植物形的装饰，从外观上来看相当简洁明快。

　　我对奥维耶多的印象并不好。以前听西班牙和瑞典吉他演奏家佩佩·罗梅罗和格兰·索舍尔的音乐会现场时，西班牙作曲家阿尔贝尼兹写的《阿斯图里亚斯的传奇》中节奏感和旋律性的对比，让我对这片神秘的土地充满了好奇，然而到了传说中王国的都城，我却找不到与吉他曲契合的那种感觉。想进去一探究竟的奥维耶多主教座堂因正在进行内部整修而不开放；晚上的街道上缺了秩序，小车随意穿行；餐厅里到处都是本地人从8世纪就开始饮用的装在绿瓶子里的苹果酒，我们三个人点了一瓶，只喝了一半就放弃了，仅仅喝进去的那点酒，第二天仍让我乏力和头痛，早餐和午餐都吃不下去。

奥维耶多城外的纳兰科山的南山坡上，有一座1985年被列入世界文化遗产的纳兰科山圣玛利亚教堂。842年竣工的时候这里是阿斯图里亚斯国王的宫殿，12世纪增加了祭坛之后，被改建为现如今的模样。看这里的第一眼并不会觉得震撼，然而越是靠近，就越像进入了久远的感性世界。作为阿斯图里亚斯王国特有的前罗马式建筑风格的代表作，这座建筑有很多鲜明的特点。南北两侧都有垂直的扶壁，看起来比较生硬，但扶壁之间凸起的半圆形拱券，与扶壁形成了一组组优雅的结构对称。最有看点的还有内部上下两层的筒形拱顶、东西两侧源于科林斯柱式的罗马柱以及北侧登上第二层的外部石阶。尽管建筑本身并不宏伟壮观，却透露出一千多年前的阿斯图里亚斯人从拜占庭艺术中汲取的灵感。难能可贵的是，建筑本身的原始样貌并没有受到太多破坏，具有典型的历史真实性。

在距离奥维耶多八十千米开外的里瓦德塞利亚有我此行最为期待的蒂托·巴斯蒂洛洞穴，它是目前能够预约参观的少数具有史前人类岩画的洞穴之一。1968年人们发现这个洞穴的时候，其洞口还被坍塌的岩石封闭着，因此那些史前人类在岩壁上画的动物和人物的彩色岩

▲奥维耶多城外的纳兰科山圣玛利亚教堂西立面和南立面

▲奥维耶多城外的纳兰科山圣玛利亚教堂北立面

画才得以完好地保存下来。蒂托·巴斯蒂洛是当时这个洞穴的发现者之一，但两周之后他在探索另一个洞穴时死于一次事故，人们便以其姓名来为这个洞穴命名。

▲在蒂托·巴斯蒂洛岩石艺术中心翻拍的洞穴内部，其下是部分岩画

目前，洞穴每天只开放预约三十个名额。我们预约的是中午11点45分进入的用西班牙语讲解的一组，共有十三人。进入打开铁锁的第一道铁门，走在既长又高的洞穴内，不时能够听到水滴声，在万籁俱寂的洞内显得格外清脆。男讲解员走走停停讲了三次之后，带着参观者来到一个地面很潮湿但听不到滴水声的空间。虽然完全听不懂他讲了什么，但就在他打开专用手电照在大约有两人多高的岩壁上的时候，所有人都"哇"了一声。我们第一眼看到的，是一个一万一千多年前史前人类画的面朝左侧的马头，他们用两条很粗的黑线条画出脖子，再用浓墨突出了眼睛和马鬃。

再继续前行，手电光下展现出来的是一整匹朝东站立的马，而旁边的几匹都是独立的，很可能补画于不同时期。除了马之外，还有野牛和驯鹿以及一些女性的生殖器等。史前人类绘画用的颜料是红色和赭色矿石或黑色木炭的粉末，掺以动物的油脂和血液。经测定，这个洞穴里最早的岩画，绘于距今三万余年的旧石器时代晚期。

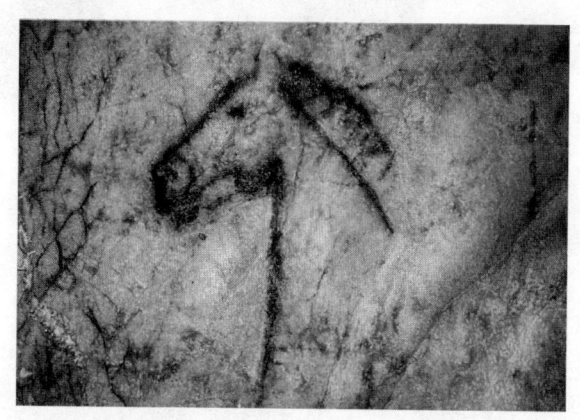

▲蒂托·巴斯蒂洛洞穴里的马头岩画（洞内禁止拍照，图片来自网络）

美国画家罗伯特·卡明在《艺术》一书中提到：史前人类"清楚地表明人类的持久需求，即通过精心设计的物品去理解（或许是抚慰）一个不确定的、通常并不友好的世界"。对于为什么岩画里画得最多的是动物或女人这个问题，人们永远也找不到答案，只能根据自己的想象力去做一些推测。史前人类表现出赞美女性生育能力的愿望，可能认为生生不息和神奇的繁衍都来自伟大的女性。而那些动物，也许是人类最早的信仰，或是向超自然力量寻求帮助的一种尝试——白天外出打猎，晚上回到洞内祈祷，以求第二天和以后仍能捕获他们所画的那样的猎物。贡布里希在《艺术的故事》一书中还做过这样的假设："原始狩猎者认为，只要他们画个猎物图——大概再用他们的长矛或石斧痛打一番——真正的野兽就俯首就擒了。"

在讲解员正有声有色地进行介绍的时候，我们旁边的一位西班牙男士看我们表情就知道我们什么也听不懂，于是他用英语跟我们说了一句："Very very old。"（非常非常古老。）

1985 年，历史上第一个被发现有史前人类岩画的西班牙阿尔塔米拉洞穴被列入世界文化遗产；2008 年，分布在坎塔布里亚、阿斯图里亚斯和巴斯克地区包括蒂托·巴斯蒂洛洞穴在内的十七组洞穴岩画被一并扩展列入，该遗产现如今的名称是"阿尔塔米拉洞穴及西班牙北部旧石器时代洞穴艺术"。与 1979 年被发现的法国拉斯科洞穴一样，蒂托·巴斯蒂洛洞穴为我们展现的是人类历史上的第一批画卷。能在这里用五十分钟的时间目睹美术史的起源，我当时唯一的感觉就是心悸。

发现蒂托·巴斯蒂洛洞穴整整一百年前的 1868 年，西班牙北部的一个猎人看到了一个开裂的洞口，好奇的他向里面张望，看到了古人居住的痕迹，就把这一发现告诉了本村的地主桑图奥拉。桑图奥拉是一位业余的考古学家，他进洞之后，看到了地上残留的狩猎器具，最初以为这里只是古代猎人居住的岩洞。转机出现在 1879 年，桑图奥拉在巴黎世博会看到展出的于法国南部发掘出来的旧石器时代文物后，灵机一动，领着女儿再次进入洞穴，想看一看是不是也能找到类似的文物。他只专注于观察地上的东西，没有抬头，如果不是七岁女儿的一声呼唤，人类历史上第一个被发现的有史前人类绘画的洞穴，也许就不是阿尔塔米拉洞穴了。

在女儿大喊"爸爸，你看，是公牛！"后，桑图奥拉才仰头看到了岩壁上鲜红的野牛壁画，接着将全部注意力转向头顶。除了那头野牛，他还看到了更多画在洞顶以及侧壁上的野牛、野马、野猪、猛犸、山羊、赤鹿等。

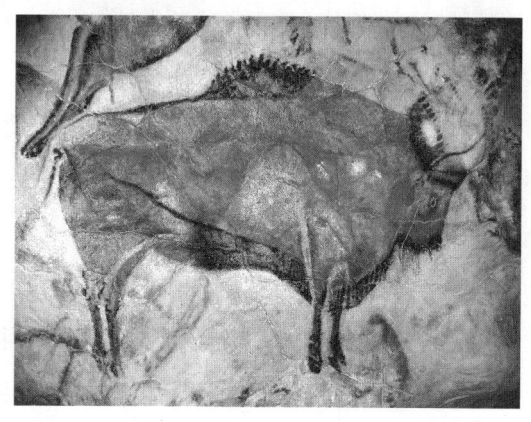

▲阿尔塔米拉洞穴里史前人类画的野牛（图片来自网络，没有版权）

19世纪末期，这匹著名的野牛和其他动物岩画被公布于世，引起了巨大的争议，很多学者完全不相信史前人类具有如此高超的绘画技能和手法。经过科学家的测定，有些动物的岩画最早出现于三万五千六百年前。这是极具震撼力的消息传开后，阿尔塔米拉洞穴立即成了游客蜂拥而至之地。

由于参观的人太多，洞穴的原环境生态受到了破坏性的影响。2002年，洞穴被迫关闭。虽然2014年又重新开放，但每周只允许五人进入，每次只允许停留三十七分钟。我这样的游客要想约上，谈何容易？

阿尔塔米拉洞穴在海边的散提亚拿小镇附近。开到小镇，我们原想去洞穴附近的博物馆看一看阿尔塔米拉洞穴岩画的复制品，然而一下车，就被有着浓郁氛围的中世纪街道迷住了。进入路边的一家三星级酒店婴之栈酒店，在前厅点了咖啡，欣赏着别有洞天的内饰，我们就决定改变原来的想法。我想起在博物馆里看古代文物的展览时，看到某个展品下面的标签上印着"复制品"的字样，就感觉很扫兴。尽管今人的仿品很逼真，但并不会让我有眼前一亮的兴奋感。

▲海边的散提亚拿的酒店前厅

这种心境还持续到了法国，在开往多尔多涅河谷的途中，右拐开行十几分钟就会经过复制的拉斯科洞穴，然而我们依然选择了放弃。因为在蒂托·巴斯蒂洛洞穴的真迹面前，正如贡布里希所说的，我们所经历的，"确实是一种奇异的体验"。

海边的散提亚拿小镇的主街是一条纵深的石板路，因为游客众多，路两侧的建筑多被

▲海边的散提亚拿小镇

改建成酒店、旅馆和售卖奶酪、冰箱贴或者工艺品的店铺。一辆红色的奥迪跑车在石板路上缓缓驶过之后，街道又恢复了原有的宁静。在一家制作瓷器的店里，我们选了几件极为别致的咖啡杯和餐盘，因为那些恬淡的色彩和花纹，完全契合我们当时的心境。

在主街的尽头有一座建于870年、12世纪时被扩建的圣朱莉安娜教堂和修道院，它是小镇最具代表性的罗马式建筑。朝南的主立面和三个中殿都已破旧，然而却带来一种质朴的庄重感。走在回廊中，看着历经千年的柱头和浮雕上的花卉装饰，仿佛进入了时光穿梭的隧道，那里弥漫着寂静与神秘的气息，如梦似幻。

▲海边的散提亚拿小镇的圣朱莉安娜教堂和修道院

无与伦比的寂静，无处不在的完美。午后的小镇沐浴在暖洋洋的光线里，时髦的饰物点缀着古老的外墙，提示着时代的变迁与轮替，也让新来的人萌生出怀旧的情绪。四周到处都是葱绿，远处的山坡上，也许几万年以来不断堆积的山石还掩盖着几处未被发现的洞穴，那里是否还有更令人惊愕的岩画，谁知道呢?

毕尔巴鄂，圣米良 – 德拉科戈利亚

巴斯克语的复兴，西班牙语的起源

　　在国外自驾，租车行里的汽油车或柴油车大都车况良好，例如此后我们在法国、格鲁吉亚、英国和西班牙南部租的车，最多只跑了几万千米。如果是左舵当然顺手，即使是右舵，最多适应一天也能驾轻就熟。最不可控的，是途中出现的突发状况。开到乌迪亚莱斯堡的时候，里程表显示已经开了两千四百千米，王梓看见仪表盘上带有感叹号的黄色三角形灯突然亮起。距离该处最近的 Europcar 租车行在四十千米外的毕尔巴鄂机场，好在开过去仅需用半个小时。

　　租车行的一位女士非常热情，她看了看车说马上找人来检查，若是有问题，就给我们换辆车。一会儿走来了一位男士，这位女士又笑着说："别着急，他开出去试试，几分钟就好。"幸运的是车并无大碍，只是胎压过低，补气之后，黄灯就灭了。

　　我们先开到了晚上的住处——一家位于奥罗斯科小镇穆鲁埃塔街区的名为奥斯巴蕾娜的旅馆。他们的网站上有用英语、西班牙语和巴斯克语介绍自家历史的一段文字，犹如一篇怀旧的散文，读了之后，不住都觉得过意不去。

"这是一座古老的巴斯克农舍，坐落于巴斯克神话般美丽的山峦的入口处。这座经过精心修复的美丽农舍提供现代而温馨的住宿环境，公共空间围绕着篝火，既具有传统住宅的风格，又具有 21 世纪的美学和舒适感。您还要求什么呢？您可以在这里听鸟儿歌唱，欣赏酒庄的景色。

"'Osabarena'在巴斯克语中是'叔叔的房子'的意思，取这个名字是为了向原有的主人致敬。就像我们这片土地上从 15 世纪以来建造的许多其他房屋一样，工业革命到来后，它们构成了巴斯克社会的本质和巴斯克人的生活方式。入口的大门是那个时代活生生的见证，也是对我们的叔叔以及几个世纪以来住在这所房子里所有人的敬意。他们让这座房子屹立不倒，从而为保护周围的景观和自然环境做出了贡献。"

酒店对面是一座建于 15 世纪的文艺复兴风格的圣佩德罗教堂。其中殿和礼拜堂内有前几年刚修复完成的非常漂亮的祭坛画，然而只有星期日弥撒的时候才开放，平时大门紧闭而不得入，让我这个教堂爱好者颇为失望。

就在我们走向停车场的时候，看见旁边有一栋如同酒店官网说的 15 世纪以来建的二层楼。二楼窗户周围原有的石头已被拆掉，改砌了方形石块，换上了铝合金门窗，显然有人住在那里。有趣的是，就在烟囱右下方没有窗框的排气窗里，我用余光远远地看到了一个人，那人一动不动。我还以为是萨拉曼卡郊外真爱城堡酒店里那个主教的鬼魂现身了呢！走近了才看清，原来那是一个穿马夹、戴领带男子的半身人偶面板。

▲奥罗斯科小镇穆鲁埃塔街区一栋15世纪建筑的右上方，
有一个半身的人偶面板

　　毕尔巴鄂是我们离开提车的法国图卢兹之后在西班牙来到的第一座大城市。从龙塞斯瓦列斯一路开过来，十几天都浸淫在北部小镇那些旧时光的痕迹里，没有看过高楼大厦，更没有看到过有那么多人的街道。车窗外，一栋四十层高的名为伊比德罗拉塔的写字楼矗立着，通体镶着玻璃。奇怪的是，楼前广场上竟然放置了一个涂成朱砂色的鸟居。在日本，鸟居的内侧是神明居住的神域，外侧是人类居住的俗世，鸟居就是俗世之人进入神域的大门。或许在毕尔巴鄂人看来，建在工业废墟里的这栋高楼也是一种明确的分界线。

　　如今，世界各地游客来毕尔巴鄂，首先聚焦的是古根海姆博物馆。这座建在原工业区的外形设计超前的建筑，成为毕尔巴鄂从落寞的重工业城市华丽转身为热门旅游城市的显著标志。

　　以前，毕尔巴鄂是西班牙最大的钢铁工业基地和北部最重要的工业城市。然而到了20世纪八九十年代，重工业发展滞缓，失业率不断增加，工厂关闭之后，城市出现了众多工业废墟。市政当局不得不开始思索"去工业化"这个关系到城市未来命运的议题。机缘巧合之下，毕尔巴鄂捕捉到1937年在美国成立的私人性质的古根海姆博物馆意欲在欧洲扩展的信息，希望以此为契机，拆除已遭废弃的厂房，建设一家多功能博物馆。这让古根海姆博物馆打开了欧洲市场，也让城市焕然一新。这种孤注一掷的心态恰逢其时，1997年建成开业的博物馆顺应时代的结构主义造型和各种艺术品展览，引得西班牙、法国和世界各地游客纷至沓来。这一次，不再是由铁矿带动了钢铁、造船、机车、炼油、化工和造纸等产业的发展，而是雨后春笋般地出现了大量的酒店、餐厅、咖啡厅和其他服务设施。毕尔巴鄂抓住了机不可失与时不再来的机遇，六年之后就收回了项目的全部投资，成功地进行了城市转型。

设计师一改世界大多数博物馆的新古典主义风格，大胆采用电脑设计，向人们展现了一个十分前卫的外形。所有的立面都铺着钛合金鳞片，在强烈的阳光之下，三万三千块金属片交相辉映、皎如日星。即使是阴雨天，其不规则的流线造型，也能让忧郁的情绪得到缓解。我并不是现代主义美术的狂热爱好者，正如我不喜欢听绝大多数的现代主义音乐作品一样，然而，这并不影响我对这座美术馆外观的理解。回顾巴斯克人的近现代史，就会觉得这个奇形怪状的东西完全符合毕尔巴鄂和巴斯克人桀骜不驯的性格。

法国之路上的蓬特拉雷纳曾经因为受到外来因素的影响，人们日常生活中使用的巴斯克语在20世纪初期不幸消失。作为生活在西班牙东北部巴斯克人的家园，毕尔巴鄂一直是使用巴斯克语最多的城市。巴斯克语是世界上最神秘的语言之一，毕尔巴鄂巴斯克大学的巴斯克语教授在接受英国记者安娜·比东的采访中就表示："没人知道（这种语言）源自何方，它是欧洲现有的、唯一与其他任何语系没有任何关联的语言。"无论是语法还是单词，都自成一派。

巴斯克语在 20 世纪 30 年代开始的佛朗哥统治时期被禁止使用，一切形式的巴斯克文化也被严厉打压。在毕尔巴鄂教巴斯克语的老师卡梅勒·埃雷克雷索的祖母用巴斯克语和毕尔巴鄂的商人交谈时被人听到，就被投进监狱，出狱之前，还被看守剃了光头以示羞辱。回家之后，祖母没有将巴斯克语教给自己的儿子也就是埃雷克雷索的父亲。20 世纪 70 年代，倔强执拗的埃雷克雷索冒着危险，在毕尔巴鄂的教堂地下室偷偷学会了本民族的语言。

在毕尔巴鄂，完全看不到西班牙南部那样的摩尔人建筑，因为巴斯克人凭着顽强的斗志，多次击败了摩尔人的入侵。摩尔人曾经占领过西班牙绝大部分地区，唯有巴斯克人生活的坎塔布连海沿岸的北方之路那个纵贯东西的狭长地域是个例外。即使遭到了佛朗哥独裁统治的灭顶之灾，巴斯克人也保留了巴斯克语，这是具有坚忍与顽强的人才能做到的事。正因为具有这样的民族性格，他们才能以超前的意识去接受那些前卫的抽象概念，充分展现出争强好胜的内核。

博物馆内展出的全是现代风格的绘画、雕塑、摄影和造型作品。在一个不规则的长方形空间里，美国雕塑家理查德·塞拉将钢板塑造成大面积和多区块的螺旋形和弧形，将其命名为"时间问题"。很明显，雕塑家是在提醒人们，毕尔巴鄂的前身就是这种钢铁的世界。旋转穿行于钢板之间，两侧单一带锈的金属色很容易让人不知所措，站也不是、停也不是，只能服从某种力量。尽管这不是迷宫的灌木丛，但我觉得能走出来，就是完成了一次逃离。如同作品名称，艺术家是想让观者在时间这个概念上展开想象力。我尝试着做出这样的理解：

经过一系列的眩晕和幻觉之后，在一个宽敞的区域你得到了缓释，然后你又重新回到了原来那个过程。在时间的长河中，你需要做出选择。

▲毕尔巴鄂古根海姆博物馆里的《时间问题》

让我印象深刻的还有德国画家安瑟姆·基弗的两幅油画，一是1996年的《向日葵》，二是1997年的《闻名遐迩的夜之秩序》。安瑟姆的个人经历与巴斯克人类似，他出生于"二战"结束前的几个月，目睹了现代战争的后果和祖国的分裂，经历了一个四分五裂国家的重建和复兴的斗争。他的作品只有黑白两色，都是一个裸体的男人躺在画面最下方，其上或是大大小小的向日葵，或是无边无际的星空。我感觉画家想要表露的也许是：一个死去的人，看到了向往的生命，也了解了苟活的意义。

来到当天晚间依然开放的毕尔巴鄂美术馆，就重新回到了通常模式的艺术氛围之中。除了西班牙最著名画家格列柯、委拉斯凯兹、里贝拉、苏巴朗、穆立罗和戈雅的作品之外，这里还有北尾重政、菊川英山、歌川国贞、歌川广重和河锅晓斋等众多日本画家的浮世绘作品。这是除马德里之外藏品最丰富的美术馆，充分展现了它的国际性和多元化。

在毕尔巴鄂美术馆外的卡西尔达伊图里扎公园，有一尊1933年建成的雕像，用以纪念被誉为"西班牙莫扎特"的作曲家阿利亚加。走出美术馆的大门，我看到了伊比德罗拉塔和雕像组合在一起的画面。雕像的背面，音乐家抱着的竖琴仿佛变成了插在胸口的一把剑。巴斯克人不屈不挠的城市就在眼前，

▲毕尔巴鄂美术馆外的雕塑背面

我对王梓说："从这个角度看这件雕塑，应该给它起名为'拯救'。"

圣米良－德拉科戈利亚小镇位于布尔戈斯东部，从毕尔巴鄂开车去，需要一个半小时。快要开到的时候，柏油路坑坑洼洼，有的路段只容一辆车通过。信号越来越弱，王梓在车载导航仪和手机的谷歌导航之间来回切换；太太盯着两侧的倒车镜防止剐蹭；我打开车窗探出头来看着路边有没有障碍物，闻到了一股浓浓的牛粪味。车子沿着坡路开到了一块空地，一位女士走过来说："前面有块私家车禁行的牌子，你们应该在下面买票，然后再坐那里的小巴车上来。"我们向她

不停地道歉，说只顾着聚精会神地看路了，全然没有注意到那块牌子，她微微一笑说："是啊，那条路太窄了。"

我们冒昧先行开到的地方，是位于圣米良－德拉科戈利亚小镇里的苏索修道院；我们将要开往的，是尤索修道院。两者全称为圣米良的苏索和尤索修道院，1997年，它们成为西班牙被审核通过的第二十五项世界文化遗产。

▲站在苏索修道院看到的尤索修道院

当年联合国教科文组织对此地给出的评价是："最初的苏索修道院建于6世纪中叶，是手抄本的写作地。这些手抄本被认为是西班牙语和巴斯克语的首批书面样本，而这座修道院被认为是书面与口语西班牙语的发源地。较新的尤索修道院建于16世纪。"

圣米良是一位牧羊人的儿子，在4世纪开始流行的基督教禁欲主义皈依精神的影响之下，来到拉里奥哈山区也就是苏索修道院的所在地，与另一位隐士一起在山间的岩石中开凿居住的山洞，一住就是四十年。当地的主教听闻他隐修的美德，任命他为牧师。圣米良乐于助人，将教会的钱财分发给穷苦的人。他的行为吸引了一些追随者，跟随他一起过起苦行僧的生活。6世纪时，隐居的修士们在圣米良的坟墓周围开凿了两层岩洞，依山而建了一座名为苏索的修道院。在古西班牙语中，苏索的意思是上方。11世纪时，为了纪念圣米良，人们又在山下建了一座名为尤索的大型修道院，16世纪开始又重建成现在的规模。尤索在古西班牙语的意思是下方。

1911年，西班牙考古学家、艺术史学家和历史学家曼努埃尔·戈麦斯－莫雷诺在苏索修道院考察建筑风格的时候，看到了10世纪的修士在这个修道院里的羊皮卷上用书面拉丁语抄写的布道文。他觉得好奇，就抄写下来送给西班牙语言学家和历史学家拉蒙·梅内德斯·皮达尔辨识。皮达尔惊喜地发现，修士在行间的空白处写的一千多个注解中，大部分是口语拉丁语，只有一百多个古西班牙语和两个巴斯克语的单词。第七十二页的右下角注解最多，共有十二行字，是目前所知的古西班牙语最长的句子。

原文如下：

"Cono aiutorio de nuestro dueno dueno Christo, dueno salbatore, qual dueno get ena honore et qual duenno tienet ela mandatione cono patre cono spiritu sancto enos sieculos delo siecu los. Facamus Deus Omnipotes tal serbitio fere ke denante ela sua face gaudioso segamus. Amen."

翻译成现代西班牙语的意思是："在我们的主克里斯托的帮助下，您是尊贵的主，也是拥有天父和圣灵永远授权的主。愿全能的主使我们做这样的侍奉，使我们在他面前喜乐。阿门。"

▲尤索修道院展出的《艾米利亚手抄本》第六十卷第七十一和七十二页，第七十二页右下角的小字是修士写的古西班牙语最长的句子

1821年，苏索修道院被废弃。第六十卷在内的七十一卷手抄本大部分都被取走，目前保存在马德里皇家历史学院。现在的苏索修道院要求返还却一直无果，因为如此重要的文件，保存在首都肯定要胜过穷乡僻壤。

目前，在下方的尤索修道院对外展出的是摆放在玻璃柜里的四页复制品。我们去的时候有一个西班牙的团体在听讲解员用西班牙语讲述细节，我看到有一位戴眼镜的男士不断地点头，显然是通过讲解而了解了更多的细节。

语言学家认为，当修士手持手抄本向众人朗读布道文的时候，也许只有那些掌握书面西班牙语的人能全部听懂，而很多人尤其是普通百姓在听不懂的时候，修士就要用口语拉丁语、古西班牙语或者巴斯克语进行解释。负责抄写的修士和其他人一样，平时说的还有一种标注在手抄本上的通俗语言——古西班牙语。

▲尤索修道院的讲解员打开柜门，只向参观者展示几分钟羊皮卷

毕尔巴鄂和圣米良－德拉科戈利亚是令我印象十分深刻的两个地方。我在毕尔巴鄂看不到巴斯克语是如何复兴的，它却是让巴斯克人感到骄傲的存在；我在圣米良－德拉科戈利亚看到了西班牙语的起源，如今它是仅次于汉语的全世界母语人口第二多的语言。

09 圣塞巴斯蒂安

巴斯克地区的美食，无穷尽

　　"世界最佳50餐厅"公布的2018年榜单前三名，分别来自意大利、西班牙和法国。在欧洲旅行，我最喜欢这三个国家的美食，但谁更胜一筹？我认为排名不分先后。

　　我在西班牙本土和在北京由西班牙厨师掌勺的西班牙餐厅吃过几次海鲜饭，但从来都没有过幸福感。看过约翰·克罗的《西班牙的灵魂：一个文明的哀伤与荣光》之后，我找到了答案。克罗说："我在西班牙见过很多奇迹，还邂逅了许多杰出的人，但我仍然对吃到最棒的海鲜饭的地方记忆最清楚、情感最深刻。我在巴斯克的圣塞巴斯蒂安首次吃到美味的海鲜饭；第二次是在塞哥维亚，这个城市不靠海，因此显得更难得。此后我一直在寻找同样美味的海鲜饭，但未能如愿。我担心大部分的西班牙厨师已经忘记怎么煮好吃的海鲜饭了。"

　　西班牙菜不止海鲜饭，就像法国菜不止鹅肝和蜗牛、意大利菜不止比萨和意面一样。

　　王梓、我的太太和我连续三年在意大利、连续两年在西班牙以及在柬埔寨和格鲁吉亚结伴旅行，彼此完全合拍，用现在流行的说法是都在一个频道。我们除了都钟爱美术馆和古建筑等异域文化之外，还都特别喜欢品尝各个地方最具代表性的美食，而且愿意对彼此赞不绝口的菜品和甜品进行评价。既然厨师用心做了，我们就要用心去体会。

在巴斯克自治区的毕尔巴鄂还是重工业城市的时代，这里的美食并不被世人所知。自从引入古根海姆博物馆之后，毕尔巴鄂开始积极实施促进文化和艺术发展的城市复兴计划，其中最主要的内容之一就是推出各种支持餐饮业的举措，力图通过推介当地的美食文化，再次为城市带来新的活力。这又是一次富有成效的举动，2018年6月19日，全球最著名的美食家云集毕尔巴鄂，参加了在这里举行的"世界最佳50餐厅"年度颁奖典礼。借助这一难得的契机，毕尔巴鄂这个名字吸引了世界各地的美食爱好者，其中就包括我们三个人。

毕尔巴鄂市区距离坎塔布连海只有十几千米，因此这里的餐厅主打的都是海鲜菜品。在主教座堂附近有一家2017、2018和2019年连续三年获得米其林推荐的餐厅，与前一天我们居住的奥斯巴蕾娜旅馆的语气一样，洛斯·富埃罗斯餐厅说他们的菜单也是对这座城市"最受欢迎的美食传统的致敬"。前菜用面包屑裹炸的腊肠泥，以其独到的口味，完全炸开了几乎被我们冷落的味蕾和感官。我们点了三道海鲜主菜，按照在意大利的惯常做法，开吃之前，每个人都分给了另外两个人品尝。橄榄油浸烤大虾配了炸迷迭香，这道菜的主题只有一个，那就是鲜度与脆香的软硬兼施；烤野生多宝鱼的鱼肉嫩度恰到好处，鱼肉上撒了很多用铁板烧煎的蒜片，与小碟里淋了橄榄油的炸番茄片和炸柿子椒环一起吃，让我这个海鲜控又一次体验到了烹饪海鲜的一种新方法。最精彩的是与里瓦德奥餐厅一样的加利西亚扇贝，它的上瓣如同直尺一样平直，与法国和英国扇贝有着显著区别的是紫罗兰色的内壳反衬了贝柱的洁白。这种圣地亚哥朝圣之路象征的贝类，这一天晚上被厨师赋予了温馨的意义。蒸扇贝的白色汤汁与淡淡咸味的黄色柠檬汁融合在一起，我理解是在赞美朝圣者的殊途同归以及一路上相互眷注的精神，想到这里再去品味，心里不由自主地又萌生出了一些敬意。

最赞的是甜品。第一道名字译成汉语的意思是醉草莓，这不就是李清照的《醉花阴》吗？醉（最）点睛之笔的"暗香盈袖"，体现在浸于杯中红酒里的草莓，其上盖了一层苹果味的冰激凌和炸苹果片。甜点师给了我们一种在秋凉里孤寂的意境，我们只能慢慢玩味其中的浓郁。另一道甜品的意趣都在绿色的玻璃碗中，最下面还是苹果味的冰激凌，中间是掏空了果核的腌苹果，最上是炸苹果片。妙就妙在腌苹果最下面的两片是微热的，吃到第三四口，我才得出了结论：冷热酸甜，一碗

▲毕尔巴鄂洛斯·富埃罗斯餐厅的加利西亚扇贝

▲毕尔巴鄂洛斯·富埃罗斯餐厅的甜品，我为它起的名字是苹果连环套

打尽。腌苹果只有微微地加热了，酸味才会恰当地体现出来，多了不合适，少了不美妙。我给这道甜品起了一个词能达意的名字：苹果连环套。

毕尔巴鄂这家餐厅在网站上说要"送给那些喜欢美食的人一份完美的礼物"，他们果然做到了。

第二天中午，我们三个爱吃的人又为了一顿午餐，特意开到了一个名叫帕加诺斯的小镇，与其说是小镇，不如说是一个有教堂和几十栋房屋的乡村，因为常住人口只有八十七个人。这里有一家米其林推荐的埃克托·奥里贝餐厅，从门口停的车来看，显然食客不完全是当地人，大部分是慕名而来。这里不提供晚餐，每周只在周二到周日的下午营业。

女主厨帕特丽夏－科纳泽夫斯基以前曾在本篇后半段写的西班牙

▲帕加诺斯小镇米其林推荐餐厅埃克托·奥里贝

美食教父胡安·马里·阿尔扎克的米其林三星餐厅阿尔扎克做过厨师，后来自己出来单干，这也是一些米其林星级餐厅厨师的惯常做法。

餐厅入口的墙上有一个拼图，左侧是一只打碎的盘子，三块大的碎片拼在一起，但仍然有两条明显复原不了的裂缝，另外十个小碎片则"扬在空中"；右侧是一个根雕，去除了一些不必要的树杈后，留下的枝条成了一个举着斧头的人物形象。而盘子，就是那个"人"打碎的。

▲埃克托·奥里贝餐厅女主厨做的一组拼图

我认为右侧的那个"人"就是女主厨，那些碎片本可以重新组合在一起，却故意呈现出一种打破传统旧秩序的意图，言外之意是，旧的不去，新的不来。

餐厅先是赠送了一小杯用白芦笋做的汤，里面

▲我的前菜：腌制生小龙虾切片

加了一点切碎的小葱叶和几滴橄榄油，看似浓稠，却恬淡清幽。我的前菜是腌制的生小龙虾，切了薄片，摆成花瓣状，中间摆放了橙色的鱼子，虾肉上撒了槐花和开心果碎，如同点点晨露，显示出这朵菊花状龙虾的温情与娇嫩。龙虾肉有多重味道，入口即化，咽下之后又有回味悠长的余韵。用来平衡的干果碎与槐花，又为这些多味的龙虾肉

增加了更多层次感。

　　我的主菜更是令人惊喜，形状就像穆夏海滩上那块天然的扇贝状礁石。去了鱼皮的煎多宝鱼，外露的一面煎成了焦黄色，上面撒了腌制的茄丁；另一侧雪白的鱼肉之下，摆着日式天妇罗的炸彩椒、炸芦笋和炸小丝瓜。朴素的豌豆酱汁，让鱼香与菜香融于一体的香气更为飘逸。彼时彼刻，只觉得淡泊明志、宁静致远，这哪里是在吃鱼，分明是在吃境界。

▲我的主菜：煎多宝鱼配日式蔬菜天妇罗

　　主菜各不相同，我们每个人都吃到撑，因此只点了一份甜品。甜点师将腌梨的果芯掏空之后，填了巧克力冰激凌，再在腌梨上浇了红酒汁又撒了干果碎，还与薄荷叶搭配在一起吃。虽比不上前一天晚上毕尔巴鄂的苹果连环套，但吃起来也是意犹未尽。

　　两个小时之后，我们心满意足地离开了餐厅。在开往酒庄住处的路上，我在笔记本上写下了这样的语句：

　　"我到帕加诺斯这个小村子，是想寻求一种难得的幽静。窗外的葡田尚未绿，我心的花香已无边……"

与十几天之前去的康蒂诺酒庄一样，埃古伦酒庄也坐落于西班牙最大的里奥哈产区。住在酒庄酒店的最顶层，站在十几米长、五米多宽的硕大阳台上，看太阳即将落山，想听微风的声音却不能。葡萄藤一望无际，黄土泛着夕阳的金光，只有背景音乐的独奏钢琴声，打扰了我在这里的安闲自得。

在埃古伦酒庄品酒的体验相当另类。现在的庄主八十六岁，他的祖辈从 1870 年就开始在这片土地上种植葡萄。目前在一百三十万平方米的葡萄园里，种有格拉西亚诺、丹魄、玛尔维萨和歌海娜等品种。老藤、新藤交错，酿酒师可以做出多重选择，从而酿出他们称心如意的葡萄酒。庄主和他的祖辈们用手和铁锹在山底挖了两千米长的恒温、恒湿的地道用于存酒。穿行在犹如迷宫的弯曲地道之内，如果不是品酒师领着，我们几分钟之后就会找不到来时的路。

地道内有一些挖出来的空间，里面堆满了横放的酒瓶，这属于庄主和他的朋友们。当年只要买够一定金额的酒，就可以在地道内堆放自己的酒，包括庄主在内的葡萄酒所有者都在酒瓶上标下只有自己才能看懂的记号。品酒师特意介绍了第 18 号空间，说那属于庄主的好朋友，但他已经去世。很多年都没有人关注这些酒，任凭酒签脱落，成了凝固的历史记忆。

根据里奥哈产区的规定，葡萄酒必须先在大橡木桶中进行六个月的熟化，然后从橡木桶里抽出，注入另外的橡木桶陈酿。埃古伦酒庄用于熟化的橡木桶的木材是从美国购买的，酒庄自行把它做成橡木桶，其特点是几乎不透气，有着浓郁的香味；而用于陈酿的橡木桶购自法国，纹路更细，能让味道更为均衡。酒庄所在的区域晴天居多，却不允许人工灌溉，所以酒的好坏全凭年份和运气。尽管西班牙皇室会采购这里的酒，但我们觉得我们品的三款都不太好喝，一起品酒的几个美国人也总是摇头。

与古往今来绝大多数人采用的徒步、骑马或骑车的方式不同，我们三个人的圣地亚哥朝圣之行是两条路线的自驾之旅。既然我们的出发不落窠臼，结束也应该别具一格。

圣塞巴斯蒂安距离前往圣地亚哥－德孔波斯特拉的北方之路的起点伊伦小镇只有二十千米，是欧洲的最佳避暑胜地之一。这里有欧洲最漂亮沙滩的贝壳海滩，退潮之后展现在人们眼前的是一片长弧形的

◀一个年轻人在圣塞巴斯蒂安的贝壳海滩上创作的沙滩画

▲圣塞巴斯蒂安的贝壳海滩

金黄色；而涨潮之后，海面又像是堆积了无数涌动的蓝宝石。这里还是全球米其林星级餐厅最多的地方，只要提起它的名字，就会让人垂涎欲滴。

晴天登上乌尔古尔山俯瞰贝壳湾，的确无比惬意、赏心悦目，然而偶遇一家新开业的塔帕斯餐厅、看米其林三星的阿尔扎克餐厅百年历程的展览和吃米其林二星餐厅的分子料理，远胜过欣赏风光旖旎的自然景观。

我们没有预订圣塞巴斯蒂安的午餐厅，因为这里的美食令人应接不暇，选择哪一家都不会失望。走在萨里吉广场的时候，我们看到一家新开业的名为波尔卡的塔帕斯餐厅，就走了进去。刚摆出来的沙丁鱼、凤尾鱼、鱿鱼、三文鱼、金枪鱼和虾仁等以海鲜为主的塔帕斯，每一种都令人赞不绝口，而腌的红柿子椒配奶酪和西红柿及生菜，能带来交替爽口的清香感，堪称蔬菜的最高境界。

▲圣塞巴斯蒂安的波尔卡塔帕斯餐厅

阿尔扎克餐厅最初是主厨胡安·马里·阿尔扎克的祖母于1897年在圣塞巴斯蒂安开的一家小酒馆。阿尔扎克从母亲那里接手这家餐厅之后，1989年让其成为西班牙第一家米其林三星餐厅。这里的菜品最大的特色是"将巴斯克地区最重要的传统美食融入新时代，并使其成为世界上最具创新性的美食之一"，按照阿尔扎克的说法，他做的招牌菜是"进步的、以研究为导向的、前卫的巴斯克美食"。

圣特尔莫博物馆是圣塞巴斯蒂安一座融入文艺复兴元素的哥特式建筑，主要致力于宣传和弘扬巴斯克社会与文化的发展。二楼展厅有一个名为"阿尔扎克自己调制的酱汁"的专题展览，通过十二张餐桌和大量的实物与图片，呈现了阿尔扎克和承继了父亲衣钵的女儿埃莱娜·阿尔扎克在厨艺上投注的热情，这些热情让新式巴斯克美食从最初的萌芽逐渐变成了世界的典范。

每张餐桌和餐椅都代表了一个年代，白色餐布上摆着的，是每个年代阿尔扎克餐厅使用的餐具和具有代表性的菜单。有一张长桌上，摆放着厨师常用的采购自世界各地的调料、香料以及众多的日本调味品，甚至还有烤鱼片之类的下酒菜等，那些琳琅满目的调料盒如同

◀展厅中集中展出的阿尔扎克餐厅历年使用的餐桌、餐椅、餐具和菜单

飞机驾驶舱里的仪表盘，令人目不暇接。

　　餐厅曾经用奥林巴斯相机拍了很多菜品和甜品的照片，这些照片组成了一个五彩缤纷的世界。它们像一首又一首的钢琴奏鸣曲，通过呈示部、展开部和再现部，向我们讲述了一个又一个充满真情的故事。每一个摆盘都是一件精美的艺术品，按照阿尔扎克的说法，这是他和他的女儿以及团队"用厨师的眼睛看世界，用孩子的热情和好奇心思考"出来的。我们前一天在帕加诺斯小镇午餐时遇见的那位女主厨帕特丽夏，在单干之前就是阿尔扎克厨师团队的成员之一。父女二人与阿尔扎克餐厅所有的厨师都快乐地展现和释放了激情，在持续追求卓越的信念中，淋漓尽致地兑现了做出的承诺，从而让巴斯克美食成为人人都感到好奇的魔方。

▲阿尔扎克餐厅用于拍摄菜品和甜点的奥林巴斯相机

▲阿尔扎克餐厅父女两代人的代表性菜品照片

然而我们并没有提前预订目前由埃莱娜·阿尔扎克连续三十多年主理的米其林三星餐厅，尽管埃莱娜曾在2012年获得过"世界最佳女主厨"的称号，而且创作出了很多诱人的新菜品。

　　因为在圣塞巴斯蒂安的郊外，还有一家更有趣的餐厅更具诱惑力，这就是秉承与传统烹饪分道扬镳的理念，采用分子料理技法做菜的穆加里茨餐厅。主厨阿度利兹喜欢质疑固有的逻辑，他认为"在穆加里茨用餐，就像对感官的一次攻击。没有面包，没有甜点，几乎没有餐具，甚至没有常见的菜单。我们不是被挑衅所感动，而是被渴望发现那些无法辨识的味道、质地的想法所感动。我们相信创造力可以扩展想象力：它放大了显而易见的可能性，为那些敢于寻求的人提供了刺激的场景。我们想知道是否还有另一种做事的方式，无论是在厨房里还是在厨房外。这种好奇心促使我们将目光转向另一个点，并创造一种不仅充满风味，而且充满意义的体验"。

　　穆加里茨从2006年开始直到我们来到这里的2019年，连续十四年稳居"世界最佳50餐厅"榜单前十，其中2011和2012年连续两年排在第三。从2005年首次摘得米其林二星以后，它再也没有得到晋升，却比很多米其林三星餐厅的排名还大幅靠前。即使是大名鼎鼎的阿尔扎克餐厅，最高排名也只是第三十。我们在圣塞巴斯蒂安选择穆加里茨，就是要进行一次亲身的感受和实地的体验。听闻有的美食爱好者说这家餐厅将美食的层次从满足感官味蕾的层面提升到了知性和精神性的交会，我们便去会一会。

　　在圣特尔莫博物馆的阿尔扎克餐厅展览的墙壁上，挂着一块大图板，上面粘贴着曾在餐厅掌勺或接受过培训的一些厨师的照片，他们出去单干后很快将自己的餐厅在米其林挂星或者在世界厨艺大赛中拔得头筹，阿度利兹就是其中的一位。

分子料理又称为分子食物或分子美食，是一种在 20 世纪 90 年代才大规模地将理念变成现实的烹饪方法。厨师们通过科学的技术创新，改变了食材原有的分子结构，重新赋予其新的味道和口感，再利用各式各样奇特的工具，做成打破人们固有观念的菜品。被称为厨

▲曾供职于阿尔扎克餐厅但现在自己经营米其林星级餐厅的厨师们，画圈者为穆加里茨餐厅主厨阿度利兹

房里的物理学家或化学家的分子料理厨师，具有大胆的构思、实施标新立异的举措，他们犹如西班牙美术巨匠毕加索和达利，颠覆了人们固有的认知，为业界带来了众多爆炸性的新内涵。

晚上 8 点走进餐厅，穿过种植了几百种香草和蔬菜的木方围栏，只见红瓦之下的长条玻璃窗内，厨师们正低头忙碌着。看到我们走近，很多人抬起头来向我们微笑，这种如同行注目礼的姿态，产生了一种令人欣慰的亲近感。提前站在门口迎接的年轻帅哥向我们介绍餐厅和院子里的一棵高耸的橡树时，说："阿度利兹 1998 年买下这栋农舍之后将其改建成了现在的模样。他在看那棵百年橡树时，给餐厅想好了一个名字。'Mugaritz'在巴斯克语中的意思是'边境的橡树'，

这里靠近法国，这棵位于边境上的橡树就代表知与未知之间的界限，而在主厨看来，界限就是创新。"

▲穆加里茨餐厅厨房的厨师们看见我们走来，抬起头来微笑地行注目礼

加利西亚自治区的首府圣地亚哥－德孔波斯特拉是我们开行的北方之路的起点，我们便先点了三杯产自加利西亚的干白葡萄酒。拉法·帕拉西奥斯在西班牙是一个非常有个性的酿酒师，1996 年，他在巴尔德奥拉斯产区的比贝山谷发现了一种西班牙本土品种的格德罗白葡萄。这种葡萄藤因为很容易得白粉病和根瘤蚜虫害，在帕拉西奥斯发现它们的时候，只剩下几百棵。在收购了几十块格德罗葡萄园之后，2004 年，帕拉西奥斯在奥博洛小镇开始用这种被人遗忘的葡萄酿酒。

女侍酒师将拉法·帕拉西奥斯酒庄 2016 年的格德罗倒进酒杯的时候，我们闻到了一种非常浓郁的青苹果的味道。入口后，青苹果味又变成了梨味，随后果香味慢慢地收敛，口腔里开始弥漫浓郁的矿物质气息，随之出现的酸味裹挟着加利西亚的冷气扑面而来。这款酒的惊喜，妙就妙在刚柔并蓄般的意味深长。看侍酒师长得像日本人，我就冒昧地问了一句。她说自己是韩国人，但是会说日语；岂止是会说，简直是地道极了，而且在西班牙的餐厅工作，除了英语，西班牙语一定更流利。

一位男侍应过来告诉我们："今晚大约有二十至二十二道菜。上菜的时候，有时候我们会对菜品做详细解释，有时只会介绍一部分，但有的菜完全不介绍，需要客人自己感悟，然后与我们互动。"这种吊胃口的举措，让我们对从未体验过的分子料理更感好奇。什么叫"大约"，难道是最终的菜品要临时决定的意思吗？

桌上没有刀叉，没有接碟，除了桌布，什么都没有。按照餐厅的理念，双手是我们创造周围世界的第一个工具，有了双手，我们就能塑造自然，创造出日后用来做饭和吃饭的器皿。因此，用手吃饭，其实是向我们最原始状态的自然回归。这里没有技巧，只有参与正式场合时不太张扬的动作而已。

第一道菜的名字叫"森林"，很显然是在怀念餐厅外面曾经茂密过但现在只剩下几棵的那一片橡树林。这道菜由四个盘子组成，用牛奶和经过高温分解出来的面粉做的面条看似坚硬，里面却添加了奶油；用绿豆做的小胡萝卜内芯夹了香草和蔬菜等做成的浓稠液体，咬一口就觉得百味融合，不能一言以蔽之。最有趣的是经过脱水处理的菜花，厨师们颠倒了温布尔登网球公开赛时人们喜欢吃的奶油草莓的主次，将奶油变成菜花，将草莓做成了草莓酱，关键是菜花里的液体是羊奶酪，经过化学裂变之后，在奶酪的余韵里竟然品出了草莓的味道。

女侍应过来问："我们可以喝食物吗？"还没等我们反应过来，就端上来三杯带有汤汁的豌豆。这是厨师们在备餐的时候一粒一粒剥出来的，里面的汤汁是从水果、蔬菜种子、海藻、块茎和谷物等可食用天然植物中提取的碳水化合物和蛋白质的水胶体，再点缀一点蒜泥和花瓣，喝下之后，顿觉神清气爽，而这时候用手拿纸杯，便显得天经地义起来。

▲穆加里茨餐厅的汤汁豌豆

因为没有菜单，谁也不知道下一道菜是什么。侍应带我们参观厨房的时候才知道，当晚的当值主厨会在玻璃板上用白笔写七八十道菜品的名称，但给每个客人提供什么，完全根据食材的多少来调整。当天晚上的厨师有四十四名，共计要做一千三百道菜品。厨房分为两层，上层靠近门口的是当值主厨，负责检查摆盘后即将端给客人的菜品，里面是在灶台旁烹饪的厨师，下层的厨师负责准备明天的食材。十分钟的参观，我们看到的是井井有条，毫无手忙脚乱的场面。

此后就是一冷一热交替轮换的菜品，冰凉厚铁板上没了外皮的海参；白色热盘里半生半熟既像刺身又不是刺身的石斑鱼；用发酵机使其焦糖化了的香蕉做成的冷冻茄子，再在上面浇了一层太妃糖；生蚝上面铺了一层冰冻了之后带着冰碴的香槟酒，收敛了生蚝的性格，又让香槟酒表现出自己的个性……每一道都有故事，因此每吃完一道，我们三个人都情不自禁地说出自己的想法，感受各不相同，但美味都留在了自己的口中。

我最欣赏的一道菜是鳕鱼。侍应说，厨师用松子做的外皮包裹了鳕鱼的肉、尾巴、鱼皮和骨头合成的胶原蛋白，里面的馅是以百里香为主的几种香草。按照我们惯常的思维，松子怎么能做成可以包裹鱼肉的外皮呢？侍应不解释，我们只能自己去猜想，估计是将松子磨成细粉，再与凝胶状的奶油搅拌在一起，然后蒸出来的。所谓分子料理的奥妙，看来松子做的外皮就是一个代表吧。

最离经叛道的是加了鱼子酱的豌豆，侍应不是端上来三盘让我们享用，而是让我们三个人伸出手，将鱼子酱豌豆放在每个人的手掌上。豌豆是新摘的，但鱼子酱显然是被某种神奇的化学手段处理过了，这是娇嫩与顺滑的相恋，是坚毅与柔情的银婚。此时的 4 月中旬是早春，那么这一道的含义是什么呢？吃完了之后，我们翻看餐厅给的袖珍折叠纸，其上的几段句子，应该就是对这道菜品简明扼要的概括：

▲被松子做的外皮包裹的鳕鱼肉

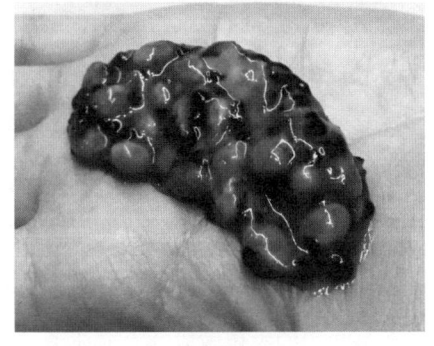

▲穆加里茨餐厅侍应放在每个人手掌上的鱼子酱豌豆

"生命，就是那些一旦被界定就要面对死亡的东西"；

"天赋就是一个人内在的那些反叛，是一个潜在的内芽"；

"时间是最重要的一种现实。"

二十二道菜之后，侍应给我们手冲了巴拿马瑰夏。端来的象征着七宗罪之塔的巧克力，让我们的思绪又回到了朝圣之路。一看表竟快0点了，除了参观厨房和去洗手间，我们在餐厅坐了将近四个小时。

人们徒步去走圣地亚哥朝圣之路只是"单学科"的远足，而阿度利兹长期与植物学家、化学家、医生和人类学家进行交流，让分子料理成为一门吃的科学，堪称跨界的旅程。

后来王梓和我多次聊起这家餐厅，2019年的时候我们三个人也许不该去这里，因为自从我们走了之后，从2021年开始（2020年因为新冠疫情而停止评选），穆加里茨就跌出了"世界最佳50餐厅"榜单的前十，2022年排在第二十一名、2023年排在第三十一名，2024年竟然大幅度下降到第八十一名。

就在我写这一篇的时候，看到一位美国食客2024年7月在穆加里茨用餐之后的吐槽，她说这是她一生中吃过的最糟糕的一餐：

"必须用手吃的鱼泥'尝起来就像唇膏'；由克菲尔发酵乳和橄榄油做成的肚脐形模具，食客不得不从中吸出怪异的汁液；其余令人极其失望的菜色还包括过熟、口感黏糊的意大利面，发酵土豆皮淋上恶心的烧烤酱。"

王梓是牛津大学数学系毕业的博士，这是与他专业对口的一道数学题。回想我经历过的晚餐和新看到的文章，我觉得可以对这做一个最简单的概括：分子在上，分母在下，这就是分数。

10 巴塞罗那

难得的古乐音乐会，难忘的现代芭蕾舞

从圣塞巴斯蒂安开车二十分钟，就到了西班牙和法国边境的伊伦小镇。这里是北方之路的起点，距离终点圣地亚哥－德孔波斯特拉近七百千米，如果平均每天徒步二十千米的话，需要三十五天。

在图卢兹的租车行还车之后，我们在米其林一星餐厅"耶稣的最后晚餐厅"用晚餐。也许在给餐厅起名的时候，主厨想到了卡拉瓦乔1691年画的《以马忤斯的晚餐》，因为墙上挂了这幅画巨大的复制品。然而当天晚上与气氛完全不协调的是，屏幕上一直在播放直播的电视节目，从中不时传来解说员发出的惊呼声，原来是巴黎圣母院着了大火。

王梓的假期虽未结束，但要从图卢兹直飞伦敦以便提前一周回去为下一个学期的课程做准备。我本来想在距离图卢兹三个多小时火车车程的巴塞罗那停留几天之后再回国，但出发之前，在查阅巴塞罗那有没有想看的古典音乐演出时，发现除了古乐大师萨瓦尔的演出之外，还有另外一位古乐大师加德纳指挥的音乐会，便留了下来。我立即想起了我的好友郭维德先生，他多次跟我说起过，听过那么多大师的音乐会，却在欧美多次与加德纳错过。而加德纳又从来没有来过中国，所以一定要找机会听一次。当发现有这场演出的时候，我马上联系他要不要来一起听。他欣然应允，因为是美籍，不用办签证，立即就可以做一次说走就走的旅行。但因为那场音乐会是在我计划离开图卢兹的十天以后，所以我做了一个新的计划，重新组建一个三人的组合，继续租车自驾，从巴塞罗那出发，经由塔拉戈纳、安道尔公国、法国的佩皮尼昂，再回到西班牙，亲历菲格拉斯、卡达克斯、贝萨卢与赫罗纳这些诞生了西班牙名人的城市和大名鼎鼎的中世纪小镇。这正好可以与加德纳爵士在巴塞罗那指挥的音乐会进行一次无缝的对接。

郭维德先生出生于美国，是著名历史学家、华东师范大学历史系教授郭圣铭先生之子。1962年考入北京大学物理系，1983年与北大马希文教授联名在国际人工智能学术期刊上发表了我国第一篇人工智能的论文。他在就学期间担任北大学生管弦乐队的指挥，改革开放之后，在北京听了1978年小泽征尔与波士顿交响乐团、1979年卡拉扬与柏林爱乐乐团历史性的访华音乐会。20世纪80年代他去了宾夕法尼亚大学，在费城那几年里，从来没有错过费城交响乐团每星期五下午日场演出的任何一场，并在每个星期六乘城际列车往返纽约，去林肯中心的大都会歌剧院买站票听日场的歌剧。退休之前，他是IBM大中华区公众事业合作部、大学合作部及信息无障碍中心总经理，同时还是北京大学软件及微电子学院的顾问教授。别人都叫他郭老师，我却喜欢称他郭总。我们总是一起出没于北京的国家大剧院、中山公园音乐堂、保利剧院和北京音乐厅等场馆，结下了非常深厚的友谊。我觉得他给我讲的那些在国内外听音乐会、看歌剧与接触音乐家的经历和逸事，能写成一本厚厚的书。迄今为止，他已经听了五十多年的古典音乐，是我认识的资历最深、阅历最广的乐迷前辈。这位前辈和小他十五岁的我一样，都想听一次加德纳的现场，如今在巴塞罗那有这样的机会，岂能错过？

喜欢听古典音乐的人，除了独奏、室内乐、管弦乐和歌剧之外，还有一个只要陷入其中就无法自拔的门类，就是古乐。所谓古乐，指的是从中世纪到18世纪的声乐和有别于使用现今乐器演奏的宗教与世俗音乐。然而，进入以浪漫主义思想为背景的19世纪中期以后，为了适应日益工业化的时代需要，乐队规模越来越庞大，乐手们使用的乐器经过了大量改进，演出场所也变成了空间更为宽敞的剧院，乐队的音量和技法都明显异于巴赫或者莫扎特的时代。到了19世纪晚期，厚重且配器更为复杂的大型管弦乐曲应运而生，因此小编制乐队的巴赫或莫扎特时代就渐渐退出了历史舞台。

巴赫1750年去世之后，他的音乐被遗忘了半个世纪，直至门德尔松1829年偶然间发现了《马太受难曲》的手稿之后，才逐渐被人们重新认识。古乐复兴的先驱者、奥地利指挥家哈农库特曾经说过，他刚进入维也纳交响乐团拉大提琴的时候，很少涉足巴赫以及巴赫之前的蒙特威尔第等人的音乐。因为那些音乐听起来毫无生机、乏味至极，演奏过几次之后，乐手们便再也没有了兴致。哈农库特一直在思索，假如巴赫之前的音乐如此了无生趣，必定是昙花一现且不会留下众多的乐谱；那些音乐之所以能够与时代共生，必然拥有与时代需求相符的生命力，而现代乐手显然发出了违和的音声。他认为，人们如今在美术馆看卡拉瓦乔和贝尔尼尼那些巴洛克时期伟大画家和雕塑家的作品时，仍能感到的它们的栩栩如生的生命力，是观者从视觉上找到的与油画和雕塑相通的共鸣之感。音乐与绘画一样，是一种超越时代的艺术，人们的喜悦与烦恼浓缩于音乐和绘画之中，已然成为亘古不变的命题，只有把握了准确的认知方式，才能承继并延续那种永恒。而蒙特威尔第和巴赫的音乐之所以连乐手们都觉得不堪入耳，那一定是乐器和演奏方法都错了。

于是从 20 世纪 60 年代开始，年龄相仿的哈农库特与奥古斯特·文辛格、莱昂哈特、毕尔斯马、布吕根、库伊肯兄弟、阿尔弗雷德·戴勒和萨瓦尔等人一起，在各自的国家对那些曾被遗忘了的音乐形式进行了开创性的探索。但毕竟古乐已经销声匿迹，人们并不了解它，甚至从没见过演奏它的乐器。虽然名为古乐，对人们来说这却是一种新事物。因此最初就有古乐是否具有历史正统性的争论，甚至人们对此喋喋不休。在质疑的一方中，言辞激烈者认为，蒙特威尔第和巴赫时代的乐器并没有留下演奏录音，复兴的古乐是否就是那个时代的声音，无从比对。貌似还原，实则是满足独出己见的动机。甚至还有人明确指出古乐复兴者是因为不具备演奏现代乐器的技巧，才别无选择地重拾古乐器，甚至带有偏见地举出抽象派画家不懂透视法而信笔涂鸦的例证。

但哈农库特等人却"固执己见"，在持续研究了大量的乐器、乐谱和古文献的基础上，并不强调演奏蒙特威尔第和巴赫时的面面俱到和简单重现，而着重强调的是即兴的心情与自由的飞翔。将几百年前的思想与现实社会契合之后的精神世界，才是他认为的真正意义上的古乐复兴。这些先驱者从荷兰黄金时代画家维米尔《在维吉那琴边的年轻女子》、朱迪丝·雷斯特《吹笛子的少年》等画作中受到了启发，模仿制作了放在胸前而不是肩上演奏的巴洛克小提琴、用双腿夹着演奏的维奥尔琴、长颈诗琴、羽管键琴、巴洛克竖笛、横笛和琉特琴等。

他们将琴弦换成过去的羊肠弦，演奏时不去揉弦。这些后来被称为"本真演奏"的演奏方法，给乐界带来了全新的冲击与震荡。布吕根曾经说过："我们的演奏，就如同莎士比亚时代的戏剧，需要用那个时代的英语来演出。"我觉得这是对古乐复兴运动最精彩的概括。

在哈农库特、莱昂哈特、毕尔斯马和布吕根相继作古之后，比他们小十岁左右的萨瓦尔、唐·库普曼、平诺克和加德纳等人成为古乐界新的领军人物，引导着古乐复兴运动继续如火如荼地发展。在巴塞罗那听萨瓦尔的音乐会之前，郭总、我的太太和我在北京听过多场萨瓦尔独奏或与古乐团的合奏。我印象最深刻的，一场是2012年5月5日，在与晚星二十一世纪古乐团合奏的音乐会上，萨瓦尔用维奥尔琴独奏的一曲，用以悼念他的亡妻蒙特塞拉特·菲格拉斯。维奥尔琴的声音不悲情，却展开了一个冷凝的时空，其中的落叶纷飞和温存甜美，都是真气从之，安定敛神；看似如泣如诉的思念，却是严酷的命运邂逅了片刻的安宁。袅袅余音，经久不去。另一场是萨瓦尔的女儿、女高音歌唱家阿丽亚娜·萨瓦尔与法国繁星古乐团名为"圣地亚哥朝圣之旅"合作的音乐会。当法国之路上那些来自法国和西班牙的民歌被吟唱和演奏出来的时候，坐在台下，直感那是一份又一份绵延的心仪，弥漫着绵绵细节上无尽的升华。脑海中所有的杂念都被过滤，唯一剩下的，是纯净。

萨瓦尔1941年出生于巴塞罗那，学了九年大提琴演奏之后，终于可以作为一名大提琴家在西班牙乃至世界的舞台上大显身手，但从巴塞罗那大学毕业的1965年，二十四岁的他做出了一个大胆和冒险的举动。他看到很多古乐依然被埋没，根本就没有人去关注和演奏，而且他觉得古乐才是他遇到的最大惊喜，值得投入毕生的精力，于是他前往瑞士巴塞尔，潜入古乐的海洋里，从此再也没有上岸。他在巴塞尔听了哈农库特使用羊肠弦的小提琴独奏的音乐会之后，感到十分欣慰，因为他觉得自己并不孤单，周围就有志同道合的人。回到巴塞罗那之后，正好一个业余的古乐团要寻找一位合适的维奥尔琴演奏家，在乐团唱女高音的蒙特塞拉特·菲格拉斯便引荐了学生时代结识的学大提琴的萨瓦尔。对萨瓦尔来说，这是机缘巧合，也是双喜临门。他不但后来娶了蒙特塞拉特·菲格拉斯，还得到了一把梦寐以求的维奥尔琴。此后，在没有任何老师的情况下，他用了三年时间独自摸索，在巴黎、伦敦和布鲁塞尔的图书馆里查阅和抄写了大量古文献，一边看乐谱手稿，一边尝试各种各样的演奏方法。1966 年，缩微胶卷现世，萨瓦尔花了很多钱，委托巴黎的一家图书馆将馆藏维奥尔琴的乐谱拍成缩微胶卷寄给自己。如此一来，他就可以在巴塞罗那的家里用投影仪将胶卷里的乐谱投射到墙上，继续进行多种研究和尝试。

在萨瓦尔重拾维奥尔琴的时候，这种乐器已经被忽视了一百五十多年。萨瓦尔通过当时的维奥尔琴演奏家的书信、演奏笔记和旅行书籍，找到了演奏的基本要素。在接受日本记者采访的时候，萨瓦尔说："这种研究最重要的是时间和热情。从开始关注古乐到录制第一批唱片，我花了十年的时间。在这十年里，我每天至少练琴八个小时。花了那么多时间以后，我终于开始觉得古乐的'语言'是那么自然。这是一段漫长的时间，但也是一段有趣的时间。我每天都有新发现，每天都能感觉到自己对这种艺术的理解又加深了一点。这种感觉就像生活在一个全新的国家，起初，你完全听不懂这个国家的语言，但慢慢地，你能听懂别人在说什么，几年后，你自己就能说这种语言了。"

当时，萨瓦尔的举动完全就是一种冒险，因为所有人包括他自己都不知道他能否成功。他通过教别人拉大提琴和维奥尔琴以及开小型音乐会来赚取生活费，又考取了私立的巴黎思格拉·康朵涵音乐学院的教师职位，生活才渐渐有了起色。此时距离他刚学维奥尔琴已经过去了整整八年。他深深地感悟到，做古乐除了需要敏锐和技巧，还需要有一种长期探索那个世界的热情。一味追求效率，只会浮于表面，只有投入真情，所做的事情才会有意义。

出于对萨瓦尔的敬重之情，去巴塞罗那音乐厅之前，郭总和我都换上了西服套装。我们知道，自己不仅是要进入一座音乐的殿堂，更是正襟危坐地接受一次音声的洗礼。

在那场巴赫《马太受难曲》音乐会上演奏的乐团，分别是萨瓦尔和太太1987年召集的一批器乐和声乐家组建而成的加泰罗尼亚皇家教堂古乐团、1989年创建的国家音乐会古乐团，还有一支1996年成立的乐友少年合唱团。巴赫用时三年写成的《马太受难曲》是一部清唱剧，源自《马太福音》里关于耶稣受难过程的描述。我提前在网上买到了视野不算最好但相当不错的一楼座位，可以从最佳的角度欣赏这样一部旷世杰作。

音乐厅的舞台上没有指挥台，萨瓦尔站着指挥。第一部分一开始，使用古乐器演奏的两支乐团先行营造了一个壮阔的空间，乐团与十位歌唱家和合唱团通过平缓的宣叙调、深沉的咏叹调和合唱的交叉，让我们看到了一个又一个悲悯且庄严的世界，听到了一曲又一曲多维而丰富的圣咏。没有嗫嚅，更没有隐忍，所有的铺垫都是为了升腾。《马太受难曲》有为男高音、男低音和女高音写的宣叙调，这是全曲中唯一使用维奥尔琴演奏的部分，只见萨瓦尔提前半分钟坐到椅子上，与歌唱家倾情对语。虽然时间不长，但在这样的场合听到萨瓦尔用苦心钻研终获成功的古乐器演奏出相当于他心曲一样的旋律，郭总和我都百感交集。

指挥整场演出时，萨瓦尔的动作毫不张扬，很有四两拨千斤的定力，恰到好处地控制了各种戏剧化的心绪。不论是玲珑剔透的音色还是绵里藏针的律动，都从他的双手之中柔中有刚般地呈现出来。他是一尊雕塑，也是当晚的精神领袖。

▲萨瓦尔在巴塞罗那音乐厅指挥《马太受难曲》谢幕照

晚上8点10分开始的音乐会，在经过一次中场休息之后，夜里11点25分才结束。散场之后，我们三个人去后台，郭总对保安说我们特意从中国来，想与萨瓦尔见一面。保安没听懂，我就拿出了前几年与萨瓦尔的合影，他似乎明白了我们的来意，示意我们稍等，拿起桌上的座机打电话，半分钟后就招手让我们进入屋内。此时外面的气温只有五摄氏度，那些以西班牙语为母语的乐迷就没有我等这样的幸运，只能站在室外瑟瑟发抖地等着萨瓦尔。

萨瓦尔从后台出来，第一眼看到的就是我们三个人。看到我刚在音乐厅大堂买的《蒙特塞拉特红皮书》——那是萨瓦尔当晚指挥的音乐会表演乐团之一的加泰罗尼亚皇家教堂古乐团以及1974年他最早创建的晚星二十一世纪古乐团录制的经典唱片，他非常高兴，然而好像英语不灵光，刚说了一句就戛然而止，不住地朝我们点头微笑。这之后，才轮到那些在门外等待他的巴塞罗那人。

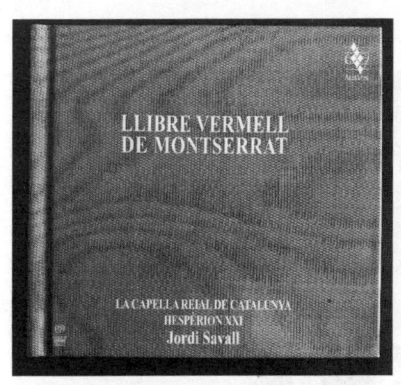

▲萨瓦尔指挥加泰罗尼亚皇家教堂古乐团和晚星二十一世纪古乐团的经典唱片《蒙特塞拉特红皮书》

▲演奏维奥尔琴的萨瓦尔（翻拍自《蒙特塞拉特的红皮书》唱片小册子）

与奥地利的哈农库特、荷兰的莱昂哈特、瑞士的奥古斯特·文辛格、西班牙的萨瓦尔以及比利时的库伊肯兄弟一样，加德纳爵士是英国古乐复兴运动最卓越的领航者。他在剑桥大学国王学院就读时，就学会了中世纪西班牙语和阿拉伯语。当时他就对古乐有着异乎寻常的热情，以本科生的身份指挥演奏了蒙特威尔第的《圣母颂》。进入音乐界之后，他更是将全身心投入在英国和世界各地的古乐演出之中。

加德纳先于1968年创建了蒙特威尔第乐团，十年后将其改建为英国巴洛克独奏家合奏团；1989年又创建了蒙特威尔第合唱团。借助这一对器乐与声乐的组合，他在英国和世界各地演出和录制了大量古乐曲目。其中，1988 年在 DG 唱片公司录制的巴赫《马太受难曲》唱片，就是 DG 公司"ARCHIV PRODUCKTION"（档案馆）系列中最为瞩目的录音之一，一经面世，便成为乐迷抢购的名盘。

除了巴赫之外，加德纳指挥他的乐团还演录了包括蒙特威尔第、普赛尔、格鲁克和海顿等作曲家在内的众多作品。2004 年，他率领蒙特威尔第合唱团在法国和西班牙的圣地亚哥朝圣之路沿途的修道院和教堂演出，所有曲目都来自保存在圣地亚哥 – 德孔波斯特拉主教座堂里的《加里斯都抄本》这一 12 世纪中叶的手稿之中。加德纳对亨德尔的作品也投入了很多精力，1977 年他指挥了亨德尔的田园歌剧《阿西斯与加拉蒂亚》，1989 年又在世界各地巡演了清唱剧《以色列人在埃及》。

继萨瓦尔之后，在巴塞罗那可以听到另一位古乐大师的音乐会，对于住在中国的乐迷来说，实在是既奢华又难忘的幸事。加德纳指挥的，正是他亲手创建的英国巴洛克独奏家合奏团与蒙特威尔第合唱团。当天下午走台之后，一位第一小提琴组的女乐手在后台门口跟我们聊了起来："你们来听这一场，太难得了。我们在排练的时候，不论是拉弦乐的还是吹管乐的，都感觉非常过瘾，还说如果坐在音乐厅里听，肯定会更震撼。"说完，她问我们来自哪里。得知我们从北京来，她难掩兴奋地说道："现在世界各地所有的乐团都去了中国演出，我们也要去！"

如今想起来，能在十天之内听到这两场音乐会，尤其是加德纳的那一场还是在世界最美丽的音乐厅——也是世界文化遗产的加泰罗尼亚音乐宫演出的，我就会情不自禁地重燃当时的那种激动与热情。

这场音乐会的门票过于抢手，官网上一楼位置好的座位全部售罄，只有最后几排侧面还有几个不连号的空座，无奈之下，我只好买了二楼的票。

《塞魅丽》是亨德尔创作的以世俗为主题的戏剧清唱剧，伊丽莎白二世女王的堂兄、第七代哈伍德伯爵说："《塞魅丽》的音乐如此丰富多彩，宣叙调如此富有表现力，管弦乐编曲如此富有创意，人物刻画如此贴切，总体创作水平如此高超，情节和事件如此逼真——总之，这部作品整体上非常适合歌剧舞台。"虽然加德纳当晚指挥演出的是音乐会版，也就是只有管弦乐团、合唱团和独唱家在舞台上演奏和演唱的形式，但美轮美奂的加泰罗尼亚音乐宫的内饰，难道不是最合适的舞台背景和时代服装吗？天井上的灯光、舞台上的浮雕，完全烘托出了《塞魅丽》的剧情。死亡与诞生的永恒命题，在加德纳指挥棒下的乐团和合唱团以及独唱家们的演绎里，被渲染成另一种缤纷的色彩，以至于演出结束后，全场的沸腾几近爆棚，欢呼声与掌声不绝于耳。

▲加德纳指挥亨德尔《塞魅丽》演出之前，
我在楼上拍的巴塞罗那加泰罗尼亚音乐宫

▲加德纳在巴塞罗那加泰罗尼亚音乐宫指挥亨德尔《塞魅丽》的谢幕照

　　第二天晚上，我们又去利塞乌大剧院看了法国里昂芭蕾舞团到访巴塞罗那的首场演出。尤里·季利安编舞的《蜡之翼》《美形主义》和《极乐之死》，在暗色的灯光里渐出渐入，与加德纳指挥的《塞魅丽》表达了同样的情感。我最喜欢的是时长三十五分钟的《美形主义》，没有比半裸体与红色长裙更恰到好处的组合了，肉色的灯影只可意会不可言传，而从两侧投射出来的火焰，简直就是凤凰涅槃。

　　在巴塞罗那听了萨瓦尔和加德纳的两场音乐会，看了一场芭蕾舞，我觉得西班牙第二大城市那些被很多人写了无数次的高迪、圣家堂和美食，都排到了次要的位置。高迪的建筑随时可以看，美食随时可以吃，但萨瓦尔的《马太受难曲》和加德纳的《塞魅丽》，却是可遇而不可求的，只要遇到了，就会成为永恒的记忆。

▲巴塞罗那利塞乌大剧院内景

▲法国里昂芭蕾舞团在巴塞罗那利塞乌大剧院演出的现代芭蕾《美形主义》

11 塔拉戈纳与卡达克斯

听古罗马的涛声，看超现实的达利

摄影家从空中俯拍的巴塞罗那看上去阡陌纵横，显得井井有条。其实这并非西班牙第二大城市的全貌，而是十个城区的其中一个。19世纪 60 年代，因为旧城区过于拥挤，思维超前的西班牙工程师伊尔德丰斯·塞尔达在城区北部规划设计了一片新区域。他将所有的建筑和道路都框定在横平竖直的网格里，每个方块之内的十几栋建筑最高不过六七层，位于四角的楼房都不采用锐角而换成倒角。从高处看，死板变成了舒缓，新城区既新奇又别致。圣家堂和高迪的一些建筑，就位于这片被称为巴塞罗那扩展区的区域里。我们三个人选住的酒店坐落于其中的一个方块，当时图的是交通便利，却忽视了人口稠密导致的不分昼夜的噪音。

坐出租车去巴塞罗那圣徒火车站途中的气氛，与我们前几天漫步在街区的相比，并没有什么异样。车站的外观类似我国的高铁站，给人的第一印象是神清气爽，仿佛向我们做出了一个乐观的预示，此后的所有行程将会非常顺畅。然而一进入车站大厅里办理租车手续的区域，我们就蒙了。当天是复活节假期的第一天，来自西班牙和欧美需要租车自驾的游客都集中在这里，而 Europcar 租车行排队的队列最长，好在一个半小时之后终于搞定。

由于在圣地亚哥朝圣之路上开的德国大众高尔夫非常顺手，这一次我们换了一辆大众途观的 SUV。装上王梓在英国买的导航仪，将第一天的终点设定为塔拉戈纳之后，太太开始了她在西班牙的第二段自驾。

我有很多德国和谐之声公司录制的 CD，对其中几张蒙特塞拉特修道院修士合唱团的印象非常深刻，尤其是西班牙文艺复兴时期作曲家托马斯·路易斯·德·维多利亚创作的《安魂曲》，被无伴奏合唱营造出了一种神圣的空间感，让我记住了西班牙黄金时代的音乐，更记住了修道院的名字。但因为多年没听，在做计划的时候，竟把蒙特塞拉特修道院忘得一干二净。

▲位于蒙特塞拉特山半山腰的蒙特塞拉特修道院（图片来自网络）

其实从巴塞罗那出发去修道院，只需要一个小时的车程。那里的大教堂、博物馆和最高处能够俯瞰整个加泰罗尼亚的圣哲罗尼山峰都非常值得一去。修道院背靠的蒙特塞拉特山的名称由"mont"（山）和"serrat"（锯齿）两个单词组成，因此这座山又被称为锯齿山。然而那些垂直而又细长的一条条岩石如同被神力打磨过，所有的锯齿都没了棱角，既不是危峰兀立，也没有怪石嶙峋，虽似丹霞地貌般千峰万壑，却更像一群穿着长袍的修士站在有高有低的山坡上吟唱着无伴奏的格里高利圣咏。塞尔达在规划巴塞罗那扩展区的时候，我觉得应该是受到了蒙特塞拉特山那些山石的启发，而将坐落在每个方块区域四个角落的楼房都做了倒角。

君士坦丁一世改信基督教之后，于 325 年在拜占庭帝国的尼西亚（现为土耳其伊兹尼克）召开了第一次尼西亚会议，除了确立和统一基督教的相关法规之外，还确定了每年复活节日期的计算方法——不再使用犹太历，而以阳光直射赤道时昼夜时间相等的 3 月 21 日春分起算，春分后出现第一个月圆之后的星期日即为当年的复活节，前推两天的星期五就是耶稣受难日，也就是通称的圣周五，而复活节前的一周，就是圣周。

我将离开巴塞罗那的第一站设定为塔拉戈纳，就是为了看一看那些与意大利的复活节巡游不一样的场面。这座加泰罗尼亚南部海滨城市的耶稣受难日游行是地中海地区规模最大的同类活动之一，每年都会吸引本国和世界各地的游客前来参与。

塔拉戈纳以每年 9 月的叠人塔而闻名于世，如果提起它的别称，就会让人产生念天地之悠悠的怀古情结：古罗马荣耀的象征、古建筑的丰碑、古代工程学的经典……塔拉戈纳是古罗马人在伊比利亚半岛最早建立的定居点，帝国将其设为近西班牙行省（另外一个是远西班牙行省）的政治和商业中心，同时也是整个伊比利亚半岛的宗教中心，其地位和影响力都远远高于其他城市。从公元前218年开始，罗马人对城市进行了系统、总体的规划，兴建了用于军事防御的城墙、用于日常生活的输水道和用于文化生活的露天剧场（竞技场）等。这些设施虽已残破不堪，但依然保留至今。

与其他西班牙城市相比，塔拉戈纳耶稣受难日游行的最大看点是实实在在的古罗马痕迹。由于这座城市有众多罗马帝国的遗存，联合国教科文组织于2000年认定这里的古罗马考古遗址为世界文化遗产。因此，游行队伍中的罗马军团能给人一瞬间就能进入两千年前罗马帝国时代的穿越感。

公元2世纪时，人们开始在教堂内的宗教仪式中纪念耶稣的受难、死亡和复活。从1550年开始，包括塔拉戈纳在内的西班牙信徒们开始在城镇的主要街道上举行圣周游行，重现当年耶稣被罗马帝国犹太行省的士兵逮捕和鞭笞之后，背负沉重的十字架前往加略山受难以及被钉在十字架上、落架和复活的过程。

塔拉戈纳的耶稣受难日游行共由二十个方阵组成，站在新兰布拉大道上，最让我们感到震撼的是第一方阵由一百名现役军人扮演的被称为"血之武装"的罗马军团。军人们头戴金色的金属头盔，服装的最里层是带有皮革饰边的半袖白色紧身服，外面套着金色的金属铠甲，披着红色的斗篷，手腕处则戴着金色的腕带，脚上穿着镂空的皮革凉鞋。每人都用左手举着金色的盾牌，右手握着一根长矛，跟随方阵最前方导引者的步伐，用侧滑的方式缓慢行走。每走两步，都要用长矛的金属底座用力戳地。这种声响与方阵前面身穿白色紧身服的鼓手和号手的鼓乐声混合，完全打破了小城固有的沉默，形成一种压抑和沉重的节奏，一遍又一遍地提醒着人们当年耶稣所经受的苦难。我觉得，这何尝不是当代人用如此方式，来替当年的罗马士兵做出忏悔呢？

▲塔拉戈纳耶稣受难日游行，正用侧滑方式前行的罗马军团

我们看了整场游行，且随着观看的人们一起走在最后一组队伍的后面。来到新兰布拉大道的尽头，我们没有继续跟随。视线的正前方，就是被称为地中海黄金海岸最佳位置的地中海阳台。尽管阴天，但绵延十五千米的海岸线并没有呈现碧绿色，沙滩也没有被阳光普照为金黄色，我们听到的，是地中海涨潮时汹涌的涛声，仿佛是在叩响古罗马的大门。

距离观景台七百多米的地方，有一座建于2世纪、用于角斗士决斗和斗兽表演等的古罗马剧场，可以容纳一万四千名观众。尽管二层看台的方形石块在5世纪时被拆去用于修建基督教大教堂，目前仅剩下二十分之一的断壁，但这里仍是基督教历史的见证地之一。在罗马帝国对基督教进行残酷迫害的公元259年，塔拉戈纳的主教和另外两名神父在这里的沙地上被活活烧死，成为西班牙有文献证据的第一批殉道者。

▲建于公元2世纪、位于地中海边的塔拉戈纳古罗马剧场

▲塔拉戈纳古罗马剧场的推测想象复原图

塔拉戈纳的街道上到处挤满了观看耶稣受难日游行的人群，我们未能看成殖民地论坛和水道桥等古罗马时期的建筑遗存。后来，我在约翰·克罗的《西班牙的灵魂：一个文明的哀伤与荣光》一书中找到了安慰："看看复活节时在西班牙各地举行的宗教游行。宗教成了一种热情和艺术，它的仪式变成了炫目的礼拜。"炫目可以加深印象，那些别具深意的场景，真的很难忘。五年之后的2024年4月，我在达利的母校——马德里圣费尔南多皇家美术学院的博物馆看到西班牙画家里贝拉画的《看那个人》时，脑海中立即浮现出来的画面，就是塔拉戈纳游行队伍的第九个方阵。穿黑色服装披猩红色斗篷的人群簇拥着花车，车上的耶稣被罗马士兵以嘲笑和讽刺的方式戴上了荆棘王冠，罗马帝国犹太行省总督彼拉多指着耶稣说："看那个人。"

　　从塔拉戈纳到欧洲海拔最高的国家首都安道尔城，没有高速公路。虽然在晚间坡度大和弯道多的山路上开车相当不易，但比起第二天下午从安道尔城开往法国与西班牙交界处的佩皮尼昂所要经过的比利牛斯山区来，还是小巫见大巫。

　　佩皮尼昂与塔拉戈纳都是地中海沿岸的海滨城市，它到底有什么样的魅力，能对西班牙和法国现代主义艺术的画家们产生如此强烈的吸引力？正如罗伯特·卡明在《艺术》一书中所写，这些画家"怀着兴奋和极大的期望迎来了20世纪的黎明，希望并坚信这是在科技进步和民主思想的催动下诞生的新纪元"。野兽派、立体主义、表现主义、抽象主义和超现实主义的鼻祖马蒂斯、安德烈·德兰、毕加索、米罗和夏加尔等都喜欢去佩皮尼昂，他们认为无限的想象比固有的知识更为重要，因此不再奴隶式地再现自然。心态变了，在佩皮尼昂海边看到的光线和色彩就全都成为新的灵感来源，而由此萌发的多样性思想，必然会对自然界做出异乎寻常的解释。

　　我要去达利的出生地菲格拉斯和达利夫妇的居住地卡达克斯，又为何把佩皮尼昂也纳入行程中呢？因为达利于 1963 年在佩皮尼昂火车站产生了一种幻觉，他看到候车楼的大门口就是宇宙中心的开端，而宇宙的终点也在这里，为此他在 1965 年画了一幅《佩皮尼昂火车站》来解释他的宇宙观。画中四条放射的粗线条是十字架；正中间隐约可见被钉在十字架上的耶稣，头戴荆棘王冠，右胸口上有一道因被长矛刺中而流血的伤口；上方有一个张开双臂、岔开双腿飘浮的男人，那是达利；最中间是与达利动作一样的一个死去的孩子；画面下方背对着观者正在看着耶稣的女人就是达利的太太加拉，米勒《晚祷》中的夫妇分别站在左右两侧，耶稣的伤口很容易让人联想到农妇身边插在地上的干草叉；画面的底部是卡达克斯的达利住处旁边风平浪静的大海和一艘船，象征着从生到死……达利以他独到的视角，展现出了一种超现实主义的死亡观。

▲达利 1965 年绘制的《佩皮尼昂火车站》

巧合的是，我走出车站大门面对候车楼的时候，时钟正好指向了12 点。也许起点的 12 点正是终点的 0 点，我却没能完全理解让达利感到狂喜的那种意象。他看到佩皮尼昂是宇宙的中心和世界的中心，我却认为距此六十多千米的菲格拉斯与卡达克斯才是他自己的宇宙和世界。

▲佩皮尼昂火车站时钟的 12 点与 0 点

在菲格拉斯的达利戏剧博物馆里，展示着达利设计的造型别致的各种珠宝以及众多画作等艺术品。最初，达利夫妇立了遗嘱，准备把他们的个人收藏全都赠送给马德里的普拉多博物馆，但后来他们修改了遗嘱，将这些东西改送给了家乡的博物馆。在展馆里，我们看到达利凭借自己的想象，描绘了大量梦境和令我们既感到陌生又感到神秘的另一个世界。他为深藏于人类心灵深处的欲望和本能都赋予了意义，利用梦境或者说是超越个人层面的集体无意识，通过使人惊讶和让人不安的图像来表现他的无意识和梦想。这就是他认为的超现实主义。我们总是受到理性和常识的束缚而无法看到达利能够感受到的东西（例如佩皮尼昂火车站就是宇宙的中心等），因此离开达利戏剧博物馆之后，那些变异和离奇的画面总是萦绕在脑海里。我没有头绪，不知道谜底，但就是觉得好奇。

凡是去渔港的卡达克斯，都要从菲格拉斯开车过去再原路返回。山路狭窄，S形弯路极多，有时候经过一个急转弯后，猛一抬头就看见右侧车窗外是悬崖，而对面从卡达克斯结束复活节假期返回的私家车一辆接着一辆，开起来相当困难。然而看完佩皮尼昂和菲格拉斯，就不能错过卡达克斯，毕竟那里是达利创作了将意识与无意识混合在一起的大量画作的地方，于是我们艰难地前进。

达利在巴黎认识并追到了超现实主义诗人保尔·艾吕雅的太太加拉。加拉比达利大十岁，他们的婚姻遭到达利父亲的强烈反对。达利为此与父亲决裂，在卡达克斯的海边买下了渔夫的木板房和土地，将其改建为与周围房屋一样的通体白色的楼房。

从1930年开始，达利就与加拉住在这里，一直住到1982年加拉去世。1989年，达利在听他最喜欢的瓦格纳歌剧《特里斯坦和伊索尔德》唱片时死于心力衰竭，此后，他在卡达克斯的住所被达利基金会改建成了故居博物馆。但这里只接受团体而不接受个人预订。我们三个人冒着小雨去碰运气，幸运的是登记了之后只在对面的咖啡馆等了一个小时，就有预订了团体票但未能按时前来的人的退订名额出现，得以加入每批八个人的团体之中。

因为卡达克斯位于西班牙的最东部，达利在爱巢的卧室里安装了三面镜子，他说他和加拉每天都是在西班牙最早看到日出的人。房屋的设计随心所欲，毫无规则，虽然达利由衷喜欢拉斐尔、维米尔和委拉斯凯兹的画作，但在他的故居，一眼就能看出他对米勒的《晚祷》有着近乎痴迷的偏爱。

▲卡达克斯的达利故居博物馆，达利夫妇的卧室，
右上是达利夫妇每天在床上看日出的圆镜

▲卡达克斯的达利故居博物馆内景

▲卡达克斯的达利故居博物馆内最醒目位置上的两幅米勒的《晚祷》

目前，卡达克斯的达利故居博物馆里大部分画作已经没有了。在看到达利使用单色临摹的两幅米勒的《晚祷》之后，我就能理解他在《佩皮尼昂火车站》里特意将那对夫妇和干草叉画进去的意图了。

达利在年轻时就疯狂地爱上了《晚祷》，以至于常常陷入米勒的画意之中，不断玩味其中的寓意。他在1932至1935年写了一篇题为《米勒〈晚祷〉的悲剧神话》的文章，坚持认

▲卡达克斯的达利的画室

为画中的夫妇不是在祈祷，而是正在面对死亡。他从一位法国画家的后裔口中得知米勒家族守口如瓶的一件秘事，原来米勒最初画在下方的是一口小棺材，后来为了适应买家的审美需求才改成了装有土豆的篮子。为了求证，他特意在 1963 年前往巴黎，请求卢浮宫对米勒的画作进行 X 射线扫描。结果是，米勒的确用土豆篮子遮住了一个小小的方形物体，达利认为那是一个六岁孩子的棺材。这对夫妇不是听到远处教堂的钟声之后停下手中的活计，而是在为他们死去孩子的下葬做祷告。

达利曾经围绕米勒的《晚祷》画过多幅作品，例如《加拉与米勒的〈晚祷〉，圆锥变体到来之前》以及我在瑞士伯尔尼美术馆看过的 1933 年画的《黄昏的隔世遗传》等。在后一幅画中，达利按照他一贯的非理性的态度，通过谵妄或偏执的笔触，将男子的头部画成骷髅，很显然这是另一种死亡的变体。而在三十多年后画的《佩皮尼昂火车站》中，达利将那对夫妇放在画面的最左和最右侧，分别代表了罪恶、痛苦、忏悔和祈祷，那把插在地里的干草叉，其实就是刺中耶稣右侧胸口的朗基努斯长矛。达利将传统元素与奇幻图像融合在一起，创作出一幅十分独特、令人不安、扭曲感知和违背逻辑的作品。

由此，我既达到了去佩皮尼昂、菲格拉斯和卡达克斯的目的，又将达利刻画的死亡与塔拉戈纳耶稣受难日游行中的死亡连在了一起。最重要的是，我能用肉眼看到卡达克斯才是达利精神世界的中心，那个佩皮尼昂火车站只是一个幻象而已。

离开卡达克斯的时候，仍然有很多开往菲格拉斯的私家车。但没开多一会儿，就感觉前面的车队都放慢了车速。等前面的车在宽敞的路面开上左道加速离开之后，我们才看见路上有一些骑公路自行车的人。这里都是弯路，没有人鸣笛，也没有人弯道超车，大家都以十千米左右的时速跟着自行车。轮到太太的时候，她也学着西班牙司机的做法开了十五分钟，直到自行车手骑到右侧的临时停车带，我们的车才超了过去。

▲骑公路自行车的人

此后我们去了西班牙最美丽的中世纪小镇贝萨卢，穿行在到处贴满了加泰罗尼亚独立标语的小巷中以及建于 11 世纪的横跨弗卢维亚河的贝萨卢桥上，思绪又回到了西班牙的古代史之中。到了赫罗纳，我们赶上了热闹的圣乔治节，这是加泰罗尼亚地区最有特色的节日。街道中间的一排排长长的桌子上摆满了书籍和鲜花，女人买书、男人买花，分别送给异性，就像世界读书日和情人节融合在一起了一样。

喜欢美食的我还有一个特别想去的地方，那就是赫罗纳的罗卡餐厅。这家米其林三星餐厅曾与意大利的弗朗西斯卡纳餐厅多次在世界最佳 50 餐厅第一名的位置上轮流做庄。2019 年 6 月，两家餐厅与曾经排在榜单第一的其他餐厅一起进入"最佳中的最佳"的名人堂，不再参与一年一度的评选。我是临时起意前来赫罗纳的，事先抱着试试看的心态看了餐厅官网，但一家需提前 11 个月预订的餐厅，怎么能有空座呢？

喜欢新奇创意的罗卡三兄弟中，老大是主厨、老二是侍酒师、老三是甜点师，想一想都会垂涎三尺。离开美丽的赫罗纳小镇时，我让太太特意开到餐厅门口。餐厅因圣乔治节而歇业，大门紧闭，我们只能看一看爬满楼墙的绿叶，坐一坐等候入座的长椅，既然满足不了食欲，那就过过眼瘾吧。

▲曾经多次排名世界第一的赫罗纳的罗卡餐厅

SPAIN

南 线

　　南线的第一站，是毕加索的故乡马拉加。随后，我们来到历史名城格拉纳达，在这里重温昔日的战火与文明的兴衰。乌贝达和巴埃萨是喜爱文艺复兴时期恢宏建筑者不可错过的一站；而在科尔多瓦，则能一睹阿拉伯文明于西班牙的美丽幸存。最令我难忘的是梅里达和卡塞雷斯，在这里，我们能于建筑、博物馆与美食中，体会古罗马、伊斯兰、哥特式、文艺复兴时期文化的完美融合。塞维利亚众多文化遗产的光辉折射出不一样的历史与独特的民族性格；马德里则是一座令人目不暇接的城市，仅仅是博物馆，就可以看上六七天；而埃尔·埃斯科里亚尔则始终诉说着西班牙黄金时代的故事。在游览了托莱多、阿维拉、塞哥维亚这三座小城之后，我们结束了南线的旅程。在这场不断涌现兴奋与惊喜的旅行中，每个人都收获了一次又一次无比动人且永难忘怀的体验。感谢美丽的西班牙，让我们感到了雄浑的力量，更看到了壮阔的存在。

12 马拉加
毕加索故乡的多彩风情

我们于2019年4月离开加泰罗尼亚，2024年3月来到安达卢西亚，一北一南，间隔了整整五年。

在疫情之后的第一次海外旅行中，我与王梓于2023年10月在格鲁吉亚重逢，彼此百感交集。在西班牙南部海滨城市马拉加再次见面的那天，海风和畅、天朗气清，我们又产生了新的喜悦之情。一是王梓2月底和3月初在位于温莎的伊顿公学进行试讲的时候，以深入浅出和灵活多变的风格赢得了学校的数学组、管理层和校长的一致好评，于是便辞去汤布里奇公学的教职，将于当年秋季转入伊顿公学执教；二是在意大利旅行时为我们开车的法国好友瓦伦汀马上就要做父亲了，而且在斯特拉斯堡郊外盖好了自家的房子。本来我们决定在这次西班牙南部之行中去两家米其林三星餐厅，但双喜临门，就临时在计划中增加了马拉加的一家米其林一星餐厅。

北京没有直飞马拉加的航班，太太和我选择在巴黎转机。由于前几天恐怖分子在莫斯科近郊的音乐厅持枪进行了无差别射杀，戴高乐机场将反恐警戒级别提高到最高级。离开廊桥之后，所有人都被警察用眼镜式放大镜仔细检查了签证。由于我带了大相机,不但背包在安检时被过了两次 X 光机,相机还被单独拿出来做了仔细的人工检查。

一进入马拉加老城区,就又回到了久违的复活节气氛之中,只是这座城市的游行比塔拉戈纳和意大利圣周的规模更大,也更隆重。马拉加的圣周游行始自 15 世纪末期,被称为"天主教双王"的伊莎贝拉一世和费尔南多二世从摩尔人手中收复了失地之后,马拉加的教徒们建立了第一批组织圣周游行活动的兄弟会。1921 年 1 月 21 日,马拉加圣周兄弟会团体又重新成立了。这里的圣周游行共四十五场,每天最少六场,多则九场。兄弟会团体负责指定四十三个兄弟会轮流参加的场次,游行活动如同奥运会各个单项比赛一样,制订了非常细致的出场顺序与时间表。

与西班牙任何一座城镇不同的是,马拉加在每年圣周的星期三也就是圣周三游行时,要当场释放一名正在服刑的囚犯,这个传统始自 1759 至 1788 年卡洛斯三世国王统治时期。当时,马拉加流行瘟疫,圣周游行被临时取消,但监狱里未被感染的囚犯却提出每年一次的活动不能中断,向狱方要

▲白天的圣周三游行

求出去游行。遭到拒绝后，这些囚犯集体哗变并越狱成功，他们来到教堂，从礼拜堂里搬出耶稣的雕像并把它抬到了受瘟疫影响最严重的市区，开始游行。游行结束后，他们将耶稣像还给了教堂，又返回了监狱，没有一个囚犯趁此逃脱。神奇的是，这次事件之后，马拉加的瘟疫得以平息。卡洛斯三世听闻此事后甚为惊喜，决定每年在圣周三晚间游行期间举行一个仪式，释放一名未犯重罪的囚犯，而被释放的那名囚犯，马上就与游行队伍融为一体。这一做法一直延续至今。因为我们预订了晚餐，没有特意前去观看。据说，那里是当晚马拉加人群最密集的地方。

我们在马拉加住了两天，无论是白天还是晚上，在城区的主要街道上总能遇到各种兄弟会的游行。这里的游行队列还有两个特别明显的特点：一是西班牙最大的被称为帕索的重达五吨的圣像宝座，需要二百至二百五十人肩扛。因为肩上的圣像很重，这些人行走或者转弯的速度都非常缓慢，配上前面的鼓乐队演奏的震耳欲聋的低沉哀乐，场面十分壮观。那些兄弟会成员看似疲累，但他们都认为这是分担耶稣苦难的一种荣誉。二是人们穿着红、黑、紫、白、蓝或粉色等颜色的长袍，头戴细长的高顶尖帽，行走在抬着宝座的队列之间。穿这些装束的含义是替当年押送耶稣的人们忏悔——戴高顶尖帽是因为不想被别人认出；只露出双眼是希望通过转动的眼珠来求得他人的宽恕；而每一种颜色也各有其意，红色代表鲜血、黑色象征死亡、紫色则是忏悔……

吃完晚餐的时候，已经是午夜0点了。我们本想抄近路从马拉加主教座堂的方向返回住处，但由于教堂前的广场是三四个小时之前刚结束释放囚犯仪式的地方，游行队列和观看游行的人们将道路挤得水泄不通，本来十分钟的路程，竟然绕行了半个多小时。在我们所住民居外面的街道上，游行的队列依然和白天一样步履缓慢，尾随的观众更是摩肩接踵。好不容易走到了住处，已是午夜 1 点钟。

▲马拉加主教座堂前广场上穿紫色忏悔长袍的游行者，
这里也是圣周三晚上释放囚犯之地

西班牙诞生了世界现代美术史上最重要的两位画家——达利的出生地是菲格拉斯，毕加索生在马拉加并在此度过了人生的前十年。这里有我继巴黎和巴塞罗那之后参观的第三座毕加索博物馆，虽然规模和藏品数量都比前两个逊色，但少而精的收藏让我很快找到了能够代表毕加索不同时期创作风格的作品。我最喜欢的是 6 号展室里一幅画于 1921 至 1923 年的素描《母性》。与达利一样，毕加索的第一任太太也是俄罗斯人。1918 年，毕加索与芭蕾舞演员奥尔加·霍赫洛娃结婚；1921 年，他们的长子保罗·毕加索来到人世。博物馆目前的藏品主要来自保罗·毕加索的太太和他们儿子的捐赠，其中包含将近三百件油画、版画、素描、雕塑和陶瓷制品等。毕加索在保罗出生之后，创作了大量围绕母性这一主题的带有古典主义风格的肖像画。在《母性》这幅素描中，他非常含蓄地用炭笔勾勒出母子的裸体。母亲坐在一把带有现代风格扶手的单人沙发上，这体现了作画的时间点，也充分展现了毕加索具有非常扎实的古典技法的基础。从任何一个角度去看，它都很像没穿衣服的宗教画里的人物，其姿态或表情都是17世纪西班牙塞维利亚画派代表人物穆立罗所画的圣母与圣子题材作品的延续与承继。

▲马拉加毕加索博物馆里展出的毕加索于1921至1923年间画的素描《母性》

▲马拉加毕加索博物馆里展出的毕加索于1947年画的《桌子上的公鸡与刀》

20世纪40年代，毕加索的创作风格从立体主义、新古典主义和超现实主义转为表现主义，不再注重形式和外观的表达，而是通过暗示以及自由结合的方法来阐释自己的思想。7号展室里毕加索画于1947年的《桌子上的公鸡与刀》，就是一种典型的表现主义的表达方式。20世纪以毕加索的作品为代表的静物画，已从16至17世纪巴洛克静物画里的葡萄与水壶变成了公鸡和厨刀。毕加索说过，艺术家也是一种政治存在，对世界上发生的任何事件都要保持警觉，无论它们是令人恐惧、令人兴奋还是令人愉悦的。他通过桌子左侧的公鸡和右侧的一把厨刀以及切开的鸡蛋来表明，我们的日常生活每时每刻都会发生令我们喜悦和惊恐的事。从这个命题的角度去看毕加索这幅表现主义的静物画，就能感到巨大的戏剧张力。

用两个多小时看完十一个展室，腰不酸、腿不疼，眼睛却十分干涩。究其原因，主要是盯着看的时间过长，另外就是眼睛受到了每个房间里各种张牙舞爪表现形式的作品的严重刺激。越是没看懂，就越想看出哪怕一点点的端倪，这种看画的方式对眼睛来说是一种相当大的折磨。

毕加索是一位奇才，他呈现给我们的不是一个正常的世界——爱情已经扭曲、挑衅也能沉沦、杂乱变成秩序、欲望找寻理由……我看了三个毕加索博物馆，总体印象是：如果尚未感到绝望，那就再做一次挣扎。

卡门·提森博物馆也值得一去，除了塞维利亚画派另一位代表人物苏巴朗画得特别精美的《圣玛利亚》之外，我特别喜欢受到印象派和后印象派影响的西班牙画家华金·索罗拉的六幅油画，尤其是他于1915年画的《加利西亚洗衣妇》这幅画采用了一种"发光主义"的技

▲马拉加的卡门·提森博物馆展出的华金·索罗拉《加利西亚洗衣妇》局部

144

法，可以看出画家对光线和反射光的极强捕捉能力以及生动的表现手段，具有洋溢而浓郁的地中海风情。

马拉加拥有三千多年的人类居住史，这里气候舒适、海鲜丰盛、治安良好、物价便宜，与西班牙其他大城市相比更适合移居，因此吸引了越来越多的外国移民。随着世界各种文化的涌入，这里本已浓郁的地中海风情，被点缀得五彩纷呈，更加国际化。

这里有一家售卖冰沙的小店，使用的原料是产自亚马逊热带雨林棕榈树上的一种名叫巴西莓的紫色浆果。将其制成冰沙，再加入杧果、猕猴桃、草莓、菠萝和百香果汁，散发出浓浓的热带水果味，让我们联想到圣周二和圣周三那些穿紫色长袍以示忏悔之情的游行方阵。

德利克特咖啡店谷歌评分为 4.9 分，这里铺面很小，门口靠墙的一条长椅只能坐两个人，但其售卖的刚刚烘焙的哥伦比亚、哥斯达黎加、危地马拉、洪都拉斯的咖啡豆，尤其是用密处理法处理的哥斯达黎加瑰夏和水洗的危地马拉豆引起了我们的兴趣。年轻的男店员是旅顺人，经常去南美洲收购咖啡豆。他给我们手冲了产自中央山谷图鲁巴雷斯的哥斯达黎加瑰夏，我觉得这种豆子完全可以代表马拉加的城市性格：浓烈是它的外表、余韵是它的魅力、柔顺是它的情绪、甜香是它的风姿……

▲在德利克特咖啡店买的哥斯达黎加瑰夏

虽然马拉加看似相当完美，但无论远观主教座堂还是登塔，都有一个非常明显的美中不足之处。沿着狭窄的螺旋状石阶上行，站在塔顶会看到很不匀称的场景——建于文艺复兴时期又融入了众多巴洛克风格的教堂外部，只矗立着北侧建成的钟楼，南侧的钟楼一直拖到现在也没有建起来。因此，马拉加主教座堂有了"独臂夫人"的别称。

　　在 11 世纪摩尔人统治时期修建的阿尔卡萨瓦城堡之下，有一座建于公元 1 世纪的古罗马剧场，但在 1951 年被发现之前，它一直埋在城堡下方的档案馆、图书馆和博物馆的地基以及街道之下。工人在清理泥土准备进行景观绿化的时候，发现了一扇古罗马城墙的大门，此后又陆续挖出了一层又一层的台阶。经过长时间的争论之后，市政

▲马拉加主教座堂外部只建成了北侧的钟楼（右侧）

▲马拉加的阿尔卡萨瓦城堡和古罗马剧场

当局决定拆除建在剧场上面的那些文化设施。就这样，一座完整的古罗马剧场显现了出来。

米其林一星的小巷餐厅就在古罗马剧场前面的一条胡同里，餐厅的名称来自西班牙裔犹太人使用的拉迪诺语——一种犹太化的西班牙语。主厨达尼·卡内罗是土生土长的马拉加本地人，曾在世界最著名的分子料理餐厅"斗牛犬"跟随西班牙名厨费兰·阿德里亚工作过一年。他在西班牙北部的几家著名餐厅掌勺的时候，正是21世纪初期新巴斯克烹饪浪潮不断涌起以及以斗牛犬餐厅为代表的分子料理兴盛的时期，包括西班牙人在内的食客们都认为西班牙最好的美食在北方例如罗萨斯和圣塞巴斯蒂安附近。正当达尼·卡内罗想要单干时，他找到了施展拳脚的绝好机会，而且碰上了天时与地利，例如哈恩可以提供上等的橄榄油，马拉加周边地区种植的番茄、生菜和韭菜等蔬菜的质量有了质的飞跃，加的斯有了最先进的蓝鳍金枪鱼捕捞系统，安达卢西亚的酿酒师酿制出了有别于北部产区的优质葡萄酒……达尼·卡内罗认为现在的南部已经成了西班牙的伊甸园，于是他先后在马拉加开了三家酒馆和餐厅。2019年12月开业的小巷餐厅刚刚开门纳客两个多月，就因新冠疫情而被迫关门。恢复营业后，这家餐厅于2022年底就摘得了米其林一星。

原以为座位的布局和其他米其林星级餐厅一样，一个房间里摆放几张桌子。女领位员却将我们带到了厨房边上类似吧台的位置，她说这个叫作主厨餐桌，也就是说，坐在这里的食客可以自始至终近距离观看除了甜品之外所有菜品的制作和摆盘过程。只是达尼·卡内罗不在，由另一位厨师担任当晚的行政主厨。

▲在"主厨餐桌"前看行政主厨和当晚主要掌勺的厨师操作

菜单有两种，我们选了其中一种，包含十四道菜和四道甜品。达尼·卡内罗热衷于突出马拉加本地的特色，认为马拉加最具代表性的也是标志性的食物是西班牙凉菜汤，因此前几道都是汤类。用我称之为软硬兼施的介于固态和液态之间的奶酪、黄瓜、白虾、白洋葱、杏仁和苦艾酒做的黄瓜色冷汤，要用凉的汤勺来喝。汤里有极小的黄瓜丁，产自马拉加的虾肉极具弹性，肯定是被冰镇了之后才会出现的口感。

▲马拉加小巷餐厅的西班牙凉菜汤

▲马拉加小巷餐厅用洋蓟等食材熬的热汤配黑松露、海胆、青豆和去除了瘦肉只剩下白色脂肪的火腿

两道冷汤之后是热汤。厨师从灶台上端起汤锅，将用洋蓟、切片大蒜和茴香熬制的汤浇在盘里摆好了的黑松露、海胆、青豆和只剩下白色的脂肪的没有瘦肉的火腿片上，想不到这些食材混合在一起，竟然组合出了清淡的意境。

比较有趣的是名为"脂肪"的一道菜品，沙丁鱼上面刷的是黄油，其下是白菜和用凤尾鱼做的酱汁。单吃沙丁鱼和酱汁的话会有浓得化不开的感觉，但与用来解腻的白菜一起吃，味道一瞬间就被中和了，刚才的油腻感消失得无影无踪。

女店员特别介绍了最后一道菜，她说餐厅的其他菜品都是经过不断创新或者经常改进的，唯独用蜡烛烤的没有加任何调料的红柿子椒，从开业以来到现在没有做任何改变。她绘声绘色的讲解吊足了我们的胃口，使我们迫不及待切开品尝。柿子椒被烤成了烂泥状，配上蛋黄酱来吃，竟有烤茄子的味道，咽下之后，回甘久久不愿散去，看似普普通通，实则令人拍案叫绝。烹饪肉类和海鲜，每个厨师都各有绝招，但征服蔬菜却是真正伟大的厨师的一个标志。我觉得仅凭这一道烤柿子椒，小巷餐厅就可以摘一颗米其林的星了。

坐在主厨餐桌用餐的妙趣是可以看到厨师们有条不紊地烹饪时的一些细节，例如圆盒里的白色餐纸和喷壶是用于擦拭餐盘的；另一个圆盒里众多很小的白勺

▲马拉加小巷餐厅用蜡烛烤的红柿子椒

则是厨师品尝菜品的口味用的，尝完即扔，十几道菜上完了之后，小白勺也就所剩无几；甜品师在另一个厨房准备四道甜品的时候，一直为我们烹饪的那位年轻的男厨师将厨台和地面擦得一干二净，又在圆盒里装满了第二天要用的白色餐纸和小白勺，一切又恢复成井井有条的样子。

▲晚上 11 点 50 分，掌勺的厨师将厨台和地面擦拭得一干二净

我们所住的民居门外就是圣周游行的必经之路卡雷特里亚街，上午 10 点万籁俱寂，午夜 0 点又喧嚣无比。我很快地适应了这种欧洲、非洲、摩尔和希伯来文化混合的节奏。布鲁希特早餐厅提倡弹性素食主义，我点的吐司配煮蛋、牛油果、蛋黄酱和蔬菜上面，摆了两朵三色堇，刚一端上来就让我想起了自己家的小院。因为我也种了一棵三色堇，经常摘一两朵用来摆盘。就如同日餐里点缀餐盘的胡椒木叶一样，起到画龙点睛的作用，让食物顿时有了活力与生机。

在预约的海妖塔帕斯餐厅点了用红酒和水果调成的桑格利亚汽酒之后，满脸络腮胡的男店员看着我们三个笑嘻嘻地说："你们点五盘肯定够了。"生腌金枪鱼配加利西亚大章鱼和牛油果等的俄罗斯沙拉、炸墨鱼汁浸鳕鱼配蒜泥蛋黄酱、泰国香料烤扇贝配西班牙凉菜汤、红金枪鱼鞑靼、墨西哥卷饼配西班牙香蒜虾，五盘菜品依次被端上来，我们吃得意犹未尽。再追加两盘的时候，那位忙里忙外的男店员展示出惊人的记忆力——他清晰地记得自己刚才说的五盘足够的话。他推荐我们点了一道金枪鱼配甜菜泥和奶酪。菜单上有一道小吃勾起了我们在圣地亚哥朝圣之路沿途吃过多次的美好回忆，就又点了帕德龙辣椒配意大利卡博纳拉酱。除此之外，那道红金枪鱼鞑靼的美味实在令我们难以抗拒，就又追加了一份。

▲在马拉加的布鲁希特早餐厅点的早餐，最喜欢上面的两朵三色堇

▲我的太太在小院里种的三色堇

▲海妖塔帕斯餐厅的墨西哥卷饼配西班牙香蒜虾

▲海妖塔帕斯餐厅的帕德龙辣椒配意大利卡博纳拉酱

无论是徜徉在阿尔沃兰海的海边还是穿行在弯弯曲曲的街道上，都使我对多姿多彩的马拉加产生多重的好感。海妖塔帕斯餐厅说他们有马拉加最好的小吃，不但是一家餐厅，还是一家酒吧、一家啤酒厂、一家葡萄酒馆……他们打破了一切，又能带给我们一切。在我离开马拉加的时候，我记住了他们在网页上写的一句话："度过美好的一天，再看看生活该如何度过。除了马拉加和安达卢西亚，再也没有这样美好的地方了。"

法国吉他演奏家安吉利斯有一首名曲叫作《嫉妒安达卢西亚》，独奏的吉他这样告诉我们：这里是奔放、快活、美丽和美味的熔炉，只要陷入就不能自拔。这就是安达卢西亚，这就是马拉加。

13 格拉纳达
战争史上的落败，文化史里的完胜

西班牙是世界最大的橄榄油产油国和出口国，我们计划好的下一站是马拉加省的一家橄榄油庄，那里出产西班牙最好的橄榄油。在马拉加火车站 Sixt 租车行办好手续，太太说 2024 年刚上市的雪铁龙 C5 Aircross 的 SUV 有着很好的手感。我的心情忐忑不安，因为王梓曾给橄榄油厂发了两封电子邮件，出发的前一天又发了一封加以确认，预约了我们三个人前去品尝的时间，但对方一直不予回复。如果换做意大利，所有的酒庄、餐厅、橄榄油厂和香醋作坊都会在第一时间反馈，即使因为装修而临时停业，也会及时进行说明。

我们还是抱着试试看的心态，沿着 A45 高速公路径自开了过去。快要开到拉托雷橄榄油庄时，车窗两侧漫山遍野的橄榄树都抬头仰望着朗朗碧空。百年以上的老树以饱经风霜的姿态展现出自由自在的随意与任性，而那些新栽的树苗或长了几年的小树则横平竖直，虽稚嫩，却也有规有矩，无论大小、高矮和粗细，都释放出蓬勃昂扬的激情。开到办公楼前的空地，一看大门紧闭，我们就猜到了结果。我围绕着厂房转了一圈，希望能够找到奇迹。在关着铁门的院子里，两位男士

▲拉托雷橄榄油庄

在修机器，其中一位用英语告诉我们"今天关门"。

据说这里使用霍希布兰卡的橄榄冷压出来的特级初榨橄榄油有特别浓郁的苹果、香蕉皮味和割草后的草香味，未能品尝和购买，我们都心有不甘。此后我们又去了另一家橄榄油庄，终于找到了上一家不回复邮件的原因。

在西班牙南部自驾，能随便停车的，可能就是住过史前人类的地方，例如拉托雷橄榄油庄所在的阿尔奇多纳和中午我们开到的坎皮略斯。后一个小镇没有专门的停车场，居民的私家车都停在狭窄道路的两侧，找一个停车位或者把车开出来都需要用最慢的速度，还要不断地环顾左右，因为稍不留神就容易剐蹭。我们进入镇中心的圣母安息教堂时还在下着小雨，没有日光从窗户透进来，内部显得很昏暗。因为当天是耶稣受难日，所以教堂没有点灯。但我们出来的时候天就放晴了，街道上几乎没有行人，更没有塔拉戈纳或者马拉加圣周游行的气氛。

进入格拉纳达的前一天，我们住在了小村庄萨利纳斯的一家名为托多斯和托尼亚的民居。一位美丽的荷兰女士两年前买下了这座带室外泳池的二层小楼，重新装修之后，楼上的五间客房用于接待游客，她自己则住在楼下。主客共用的客厅和厨房布置得充满了诗意，无论是晚餐归来后还是吃早餐时，我们都能感觉到女主人优雅而又恬淡的审美。这里夏天极热，人们都是上午劳作，中午睡午觉，下午5点才出门。怪不得中午的坎皮略斯那么静，原来是因为人们养成了睡午觉的习惯，一年四季的中午都在梦乡里呢。

华盛顿·欧文在《阿尔罕伯拉》一书中，也写过自己的梦：

"我踏上了这片神奇的土地，被浪漫的图景所包围。我很小的时候，就曾在哈德逊河岸边陶醉于西班牙古代史，尤其是格拉纳达附近所发生的战争。从那时起，这座城市就成为让我魂牵梦绕的地方，我经常想象自己穿行于阿尔罕伯拉宫那些充满浪漫气息的房间之中。难道我的梦想就此变成了现实？我几乎不敢相信自己的感觉，不敢相信自己的确住在宫殿里，还可以站在露台上俯视高贵的格拉纳达。当我徜徉在那些东方风情的房间里的时候，当我倾听着井水的轻语与夜莺的歌

▲坎皮略斯小镇的圣母安息教堂和教堂外的橄榄树、棕榈树

声的时候，当我闻着玫瑰的芬芳，感受着香脂的气息的时候，我几乎认为自己走进了穆罕默德的天堂……

▲阿尔罕伯拉宫内景

"落日和平时一样，把一片凄凉的光辉照在阿尔罕伯拉宫的红色碉楼上。当初我常常坐在那里，沉湎于美妙的梦幻。夕照在城市周围茂密的树丛和花园上镀上了一层富丽的金色，夏季黄昏时的紫雾正聚集在盆地上。我暗暗地想，赶紧在日落之前离开这里吧，我一定要把这片无限美好的景色放在自己的记忆里带走。想到这里，我连忙向山中赶去。走了没多远，格拉纳达、盆地和阿尔罕伯拉宫已经全看不见了，我就此结束了我一生中最美好的一次梦境。"

我们三个人离开阿尔罕伯拉宫沿着坡路而下，来到了欧文曾经回望的地方。这里绿树成荫，的确只能看见弥漫在清新空气里的那些故人的怅惘，而看不到一砖一瓦一红墙。这里有一座两米多高的欧文铜像，用以纪念这位美国作家对传播阿尔罕伯拉宫的贡献。1828 年，欧文从马德里骑着毛驴来到格拉纳达之后，在阿尔罕伯拉宫内住了三个月，对所见所闻进行了详尽的记述。雕塑的基座上，刻着"阿尔罕伯拉宫之子"的字样。欧文于 1829 年和 1832 年先后出版的《征服格拉纳达》以及《阿尔罕伯拉》，将他梦想中已经有些残破的阿尔罕伯拉

宫和曾经遍布宫殿内各个角落
的璀璨与辉煌一一道来，让格
拉纳达和阿尔罕伯拉宫成为世
界各国游客趋之若鹜之地，也
让人们对那段悲喜交加的历史
产生了浓厚的兴趣。

1492 年，天主教双王伊莎
贝拉一世和费尔南多二世收复
了格拉纳达这个摩尔人在伊比
利亚半岛精心打造的最后一个
王国，十字架取代了新月与星
星，但异彩纷呈的伊斯兰建筑
并没有被毁掉。

▲阿尔罕伯拉宫外的华盛顿·欧文铜像

如同穆罕默德创建伊斯兰教之后，认为摩西和耶稣都是伟大的先
知从而允许两种宗教并存的做法，伊莎贝拉一世十分赞叹格拉纳达阿
尔罕伯拉宫的美感和伊斯兰教建筑的高超技术，下令不得毁坏这一伊
斯兰文化的精髓。我们在海外旅行的最大乐趣，就是离开了自己习以
为常的环境，来到一个又一个陌生的地方，从新奇的体验中不断玩味
异域的历史和文化带来的兴奋与刺激。格拉纳达就是这样一个神奇的
地方，两种宗教建筑并未发生冲突或相互排斥，而是成为多元文化和
谐共存的生动物证，让我们一次又一次用自己的双眼，看到了西班牙
这个最不像欧洲的欧洲国家。

美轮美奂的阿尔罕伯拉宫得以保留，我们还要感激交出阿尔罕伯
拉宫的格拉纳达王国最后一任国王穆罕默德十二世。在基督教军队兵

临城下的时候，穆罕默德十二世拒绝了母亲阿伊莎炸毁宫殿的建议。他一定想起了宫廷诗人"在如此美丽的花园中，作为眼睛是最幸福的"的诗句，举目四望，怎能忍心将其毁于一旦？

1238 年，穆罕默德一世在一个山丘之上开始修建阿尔罕伯拉宫。在其内部的香桃木庭院（又称桃金娘庭院）、狮子庭院、使节厅中，我们可以看到约翰·克罗在《西班牙的灵魂：一个文明的哀伤与荣光》中的精准描述：摩尔人"不擅原创，但乐于模仿，能快速吸收，在遭遇和吸收更文明的文化之后，他们会在美学上融合自己喜欢的部分，他们在这种融合上添加了轻快、官能和优雅"。在没有水电、没有任何起重设备的情况下，摩尔人通过绝妙的压差原理，建造了一套令今人叹为观止的河水输送系统。房间内那些精雕细琢的霜花细纹和各种植物的图案，花样千变万化、造型鬼斧神工。所有我们能看到的，没有一处不是登峰造极之作。贴在墙壁上的那些五颜六色花纹的瓷砖，以及狮子庭院里的十二头石狮喷泉时钟，更是科学与艺术最完美的契合。只可惜那些石狮喷泉的周围被围上了一圈栏杆，我们不能靠前看到摩尔人工程师是如何通过虹吸排水系统，在那个倒扣的半圆形结构里凿出排列位置不一的圆孔，来实现让每个石狮在每个时辰通过喷水进行报时的奇妙场景的。如今，水池里灌满了水，每一个石狮的口中都流出了一行行眼泪，这是摩尔人被迫离开这里时的无奈、悲伤，从此这里再也没有了时间的概念。

我们买了两次被内华达山脉环抱的阿尔罕伯拉宫的门票，第二次停留的时间竟然超过了八个小时。每一次离开的时候都会回望，因为有些感伤的心绪总是萦绕，久久不愿散去。太多人通过文字、视频和音频来描述他们眼中的阿尔罕伯拉宫，每个人都有自己的视角。我最愿意去想象穆罕默德十二世离开这里的情形。华盛顿·欧文在《征服格拉纳达》中，这样描述了最后一批摩尔人的感伤：他们"爬到可以最后一次俯瞰到格拉纳达的高处，这些摩尔人到达此处时不知不觉停了下来，向可爱的城市告别，再往前走几步，他们就永远见不到它了。格拉纳达在他们眼中从未如此可爱过。在纯净的空气里，阳光如此明媚，让每一座塔楼和光塔都清晰可见。它的光辉灿烂地照耀在阿尔罕

◀阿尔罕伯拉宫内的庭院

▲阿尔罕伯拉宫十二头石狮都在喷水的狮子庭院

伯拉高耸的城垛上，大平原则在下面展开它那光洁青翠的胸膛，同银波闪闪、弯弯曲曲的赫尼尔河一道熠熠生辉。摩尔族骑士们默默地注视着自己美好的家园——那是他们喜爱和享乐的地方——感到既亲切又悲哀，痛苦不已"。

克斯汀·唐尼在《伊莎贝拉：武士女王》中说：美丽的阿尔罕伯拉宫"让两位君主（即伊莎贝拉一世和费尔南多二世）颇为惊艳，他们十分震撼，徘徊在宫殿的小径和花园内，欣赏旖旎风光，观看流水般的阿拉伯文字。宫殿的墙上铭刻着阿拉伯文的诗歌和神圣律法，伊莎贝拉注意到，其中一条铭文不断重现：唯有真主是胜利者"。如今，西班牙人将穆罕默德十二世最后看到阿尔罕伯拉宫的山坡称为"摩尔人最后的叹息"。摩尔人最初以征服者的姿态来到这片土地，谁也没有想到他们会创造出举世无双的瑰宝。当他们以失败者的身份黯然神伤地离开这里的时候，我觉得应该向他们表达敬意，因为在文化史上，只要是为人类文明史留下琳琅满目和美不胜收的宝贵遗产的，就是胜利者。

本书策划人申明先生说"在西班牙碰到下雨是幸事"，可是偏偏我们两次去皇家礼拜堂都遇到了雨。第一次是小雨，购票的队列排

▲格拉纳达圣胡安德迪奥斯大教堂的主祭坛

得很长，第二次的大雨让很多人望而却步，我们才得以顺利地排队进去。铁栅栏里的耳堂有伊莎贝拉一世和费尔南多二世的大理石卧像，走下十几级台阶，可以透过地下室的小玻璃窗看到卧像正下方的双王的铅制棺椁。历史的有情与无情在这里得到了最好的展现。伊莎贝拉一世是历史上最令人着迷也是最有争议的女性之一，虽然结束了长达8个世纪的收复失地运动，通过哥伦布发现新大陆而为现代欧洲和美洲奠定了基础，但她并没有得到异口同声的赞美——有人说她是圣人，也有人称她为魔鬼。她的遗骸被瞻仰的时候，没有多少人会去关注穆罕默德十二世的命运。被迫流亡之后，穆罕默德十二世在摩洛哥的菲斯死去，没有人知道他被埋在哪里。

如果说阿尔罕伯拉宫是伊斯兰教建筑的巅峰，圣胡安德迪奥斯大教堂则是基督教建筑的顶级。两者在格拉纳达交相辉映，呈现出两种文化殊途同归之美。1737年开始建造的教堂，无论是进门之后最先看到的圣器收藏室还是大教堂以及两侧的礼拜堂，展现给我们的都是镀金的巴洛克语言，只要记住了奢华、艳丽、铺张和极致这几个词汇，就能看懂眼前的金碧辉煌。

素朴的圣赫罗尼莫修道院教堂和格拉纳达主教座堂又给我们呈现出文艺复兴和新古典主义的风格。相较之下，位于阿尔罕伯拉宫内兴建于1527年的卡洛斯五世宫是一个败笔，由于缺乏资金，1568年停建之后，一直到20世纪50年代才以目前的形式竣工。其风格与阿尔罕伯拉宫的气氛格格不入，就像在围棋的棋盘中摆放了一颗象棋子，显得不伦不类。

穿过阿拉伯风情购物街，看到店铺里琳琅满目的台灯、头巾和瓷盘，很容易产生身在北非或者中东的错觉。我们在格拉纳达的第一顿晚餐，特意选在了坐落于郊区的一家米其林推荐餐厅韦莱塔路线。晚上8点半落座之后，座位上方挂满的西班牙-摩尔式陶罐，再一次让我们产生了错位感。三盘前菜和三盘主菜，每一道都是两种文化的水乳交融。《纽约时报》2020年发布了一份研究报告，声称西班牙人不是白种人，暂且不论其权威性如何，根据我们的所见所

▲格拉纳达主教座堂内景

闻，在格拉纳达甚至整个安达卢西亚，到处都是不同时期和不同文化交叠的烙印。目前的西班牙语中，有超过两千个词汇来自摩尔人的语言，这是一种你中有我、我中有你的关系，早已经没有了纯粹。

▲格拉纳达郊外的米其林推荐餐厅韦莱塔路线

第二顿晚餐是在预订的克吉奥葡萄酒酒吧吃的，当天有一百七十八种葡萄酒可供挑选。为了迎合他们"每一餐美食都应该配上美酒"的经营理念，我们点了一瓶里奥哈产区维尼科拉皇家酒庄的芒海斯。这种 2010 年的珍藏款，使用这一产区主要的白葡萄品种维奥娜、白歌海娜和玛尔维萨混酿而成，闻起来有浓郁的樱桃和李子的香气。店员端上一盘伊比利亚橡子火腿的时候说："给你们摆了叉子，但我们西班牙人都用手吃。"

▲格拉纳达克吉奥葡萄酒酒吧的伊比利亚橡子火腿

▲格拉纳达葡萄酒与玫瑰餐厅的腌沙丁鱼配甜口的腌红柿子椒前菜

第三顿晚餐是在被《福布斯》杂志评为格拉纳达八家时尚餐厅之一的葡萄酒与玫瑰吃的，我们三个人都认为最经典的一道前菜是腌沙丁鱼配甜口的腌红柿子椒的塔帕斯，按照过去的一贯做法，只要我们三人异口同声地称赞同一道菜，就会毫不犹豫地追加一份。

在格拉纳达，我们去了两次德斯皮恩托咖啡馆。第一次去，就感觉他们手冲的危地马拉的拉霍亚有着突出的茉莉花香味，这是在咖啡豆里很少能闻到的花香。跟店员聊天才知道，原来他们在危地马拉的阿马蒂特兰和帕卡亚活火山山麓之间有一个海拔一千七百米的高山农场，所有的咖啡豆都是从那里水洗和干燥之后运到格拉纳达进行烘焙的。第二次去，我们又点了这款深度烘焙的咖啡豆，以及一个滤杯的埃塞俄比亚耶加雪菲。浓郁的柠檬和茉莉花香交织之后恬淡地飘逸着，很容易让我们再次联想到伊斯兰教文化和基督教文化在格拉纳达的融会。

伊莎贝拉一世和费尔南多二世曾在阿尔罕伯拉宫住过一段时间，死后最先安葬于他们在宫殿中修建的一座修道院内。这座修道院于1835年被废弃，直到1936年才被完全地从废墟中抢救出来，如今已经改建成四星级酒店格拉纳达帕拉多尔酒店。我最喜欢这里的咖啡厅，坐在格拉纳达的艳阳下，出生在格拉纳达的西班牙著名诗人洛尔迦写的一句话是最美妙的画外音："这就是格拉纳达，它的美丽令人难以置信。"

▲格拉纳达帕拉多尔酒店的咖啡厅

14 乌贝达和巴埃萨

请记住他，万德尔维拉

如今在家里吃早餐时，我总是先烤好自家做的夏巴塔面包，再在小碟里倒上一点从哈恩省带回来的橄榄油，用面包蘸着橄榄油和意大利摩德纳的香醋吃。这是一种浓浓的回味与回忆的味道。

离开格拉纳达，我们的车开在 A44 高速公路上。半个多小时之后，车窗外起起伏伏的坡地上，一片片大小不一的橄榄树林就会扑面而来。哈恩省是三毛的丈夫荷西的家乡，五十多亿平方米的土地上种植了六千多万棵橄榄树，每年的橄榄油产量占西班牙的 50% 和全世界的 20%。地中海饮食文化现在最受推崇，它的三大基本支柱是面包、葡萄酒和橄榄油。面包是餐桌上理所当然的主角，葡萄酒属于消遣和诗意，激活了我们的智慧和想象力，而"液体黄金"橄榄油所带来的是温润、浓情、生香与溢彩的精神世界，在任何一个季节，都是我们的桃花源。

13 世纪时，基督教徒从摩尔人手中重新收回了失地。16 世纪是哈恩省最为辉煌的时期，橄榄油和羊毛纺织等相关产业的蓬勃发展以及手工业的多样化，带动了经济的显著发展并且积累了丰厚的财源，一些意欲有所作为的贵族出现了，因此这里具备了重新兴建城镇的条件。

建筑家们在水到渠成的时候顺势而为，他们参考了意大利文艺复兴时期的城市规划，在哈恩市、乌贝达和巴埃萨等地建造了大量文艺复兴风格的建筑，其中最著名的人物是安德烈斯·德·万德尔维拉。

过去人们对这位1505年出生的建筑家知之甚少，曾误传他在意大利学过建筑，甚至见过米开朗基罗，但目前没有支持这种说法的任何文字证据。据说万德尔维拉从妻子那里学到了很多文艺复兴风格建筑的技巧，看到了一些意大利建筑的文章和图纸。在二十一岁时参与的修道院建筑工程中，他直接了解到文艺复兴早期优雅的板式建筑风格。来到妻子的家乡哈恩省之后，他设计的建筑样式受到贵族的喜爱，此后陆续收到了在哈恩市、乌贝达和巴埃萨建造教堂、宫殿、医院、学校、广场和住宅的订单，由此有机会施展才能，为西班牙留下最多也最集中的文艺复兴风格建筑群。

走出哈恩市的停车场，迎面冲着我们的是两面又高又长的石墙，赤足修女

▲安葬万德尔维拉遗骸的哈恩市圣伊尔德丰索教堂

166

的拉斯贝尔纳达斯修道院大门紧闭，只在晚上做弥撒的时候才开门。按照万德尔维拉的遗愿，他的遗体被安葬在我们参观的结合了哥特式、文艺复兴和新古典主义风格的圣伊尔德丰索教堂，但到目前为止，人们依然不知道其遗体的确切位置。

▲哈恩主教座堂的正立面

▲哈恩主教座堂的背面，这里种满了柠檬树

从 15 世纪开始，意大利的建筑家抛弃了高挑尖拱和厚重扶壁的哥特式结构，采用了圆拱、圆顶和圆柱等复古的罗马式结构，开创了文艺复兴时期的建筑风格。一个世纪之后，以万德尔维拉为代表的西班牙建筑家将这一风格引入了哈恩省。绕过满是柠檬树的哈恩主教座堂的北侧，来到一片宽阔的广场，万德尔维拉在哈恩市担任主设计师来设计的哈恩主教座堂就以雄伟的气势呈现在我们眼前。15 至 16 世纪，意大利南部曾归阿拉贡王室所有，因此万德尔维拉和他的追随者们借鉴了很多意大利的设计理念。他们摒弃了繁盛的外部装饰，采用立柱和半圆形拱门都对称的方式，让建筑的轮廓显得更有规则。

从教堂的内部可以看出，以万德尔维拉为代表的建筑家追求更为简洁和精致的线条，尤其注重比例的平衡。半球形的圆顶营造出另一种形式的庄严而又宏伟的空间，在结构上比哥特式具有更多的舒适感。2012 年，这座教堂被列入西班牙世界文化遗产的预备名单之中，有待正式转正。

乌贝达是在城外看一眼并不会太震撼，但进入城内马上就会眼晕的一个小镇。从停车场拖着箱子寻找十分精美的唐璜精品酒店时，路过的街巷格外静谧，或许居民也像萨利纳斯或者

▲哈恩主教座堂内部

坎皮略斯的人们一样正在午睡。我们已经提前做好了思想准备，因为走出酒店之后所要面对的，将是一个又一个世界文化遗产。

与佛罗伦萨的美第奇家族资助意大利建筑家设计建造了众多文艺复兴建筑的做法一样，出生于乌贝达的弗朗西斯科·德洛斯·科勃斯也是一位贵族，因为担任神圣罗马帝国皇帝查理五世（身兼西班牙王国的国王，在西班牙被称为卡洛斯一世）的秘书而积累了大量财富。作为西班牙文艺复兴运动的早期推动者，科勃斯利用自己的财富和手中的权力促成了西班牙众多美丽的文艺复兴建筑，其中最著名的项目，就是委托万德尔维拉在自己的家乡兴建的萨尔瓦多教堂（又名救世主教堂）。科勃斯死后，就葬在这座教堂的地下室内。目前，教堂仍为科勃斯的后人所有，这也是西班牙最大的葬有非皇室成员的私人教堂。

要欣赏西班牙最有代表性的文艺复兴建筑，应该先从乌贝达开始看起。因为仅仅在步行二十几分钟的范围之内，就可以领略万德尔维拉在设计西班牙文艺复兴建筑的三个阶段的代表性作品——早期阶段是外立面采用银匠风格的萨尔瓦多教堂；中间阶段是比例更加协调也更为古典的巴斯克斯·德·莫利纳宫，晚期阶段是更注重对称与通透性的圣地亚哥医院。

万德尔维拉在乌贝达设计的第一件作品是萨尔瓦多教堂，他从科勃斯那里得到了大量意大利文艺复兴风格建筑的图纸，受到了全新的启发。但此时的万德尔维拉还没有完全变成一个真正的意大利文艺复兴风格建筑的传人。外立面加入的希腊诸神元素、散落的头骨、家族盾牌和耶稣变容雕像并不能反映万德尔维拉作品的精彩。这位聪明的建筑家用减轻重量的空心砖建了一个圆形的拱顶，虽然这在此后被改成了巴洛克式，但它让人们一进来就看到了一个微缩版的意大利，有一种在视觉上先声夺人的巨大冲击力。

巴斯克斯·德·莫利纳广场是欣赏万德尔维拉建筑艺术的最佳位置。巴斯克斯·德·莫利纳宫是万德尔维拉为科勃斯的侄子兴建的私人官邸，可惜侧立面被蒙上了白色的遮网，后面竖了一座塔吊，看着特别碍眼，我没有拍到角度更好的照片。这位

▲从巴斯克斯·德·莫利纳广场看萨尔瓦多教堂

▲乌贝达萨尔瓦多教堂的圆形拱顶

170

侄子也担任过卡洛斯一世国王的秘书，拥有在哈恩主教区开采金银矿和宝石矿的特权，同样积累了大量财富。他同叔叔一样，将一部分财富投入家乡的建设之中，从而为乌贝达又增添了一些文艺复兴风格的建筑。站在广场上观察巴斯克斯·德·莫利纳宫，可以看到最上层是椭圆形的牛眼窗和漂亮的女像柱，中间窗户之上有三角形的山墙，与萨尔瓦多教堂的外立面比起来，显得既简洁又优雅。

▲乌贝达的巴斯克斯·德·莫利纳宫

万德尔维拉在萨尔瓦多教堂旁边设计迪安·奥尔特加宫的时候，特意将外立面设计得非常内敛和朴素，这样做是为了醒目地突出萨尔瓦多教堂，以免喧宾夺主。1929年被收归国有之前，这座宫殿是使用了三百五十多年的私有住宅。与格拉纳达阿尔罕伯拉宫的格拉纳达帕拉多尔酒店一样，这里的古代城堡或修道院等也被西班牙政府改建为接待游客入住的帕拉多尔系列酒店。这样做一方面可以增加旅游业的收入，另一方面能更有效地保护古迹。如今，这座建筑的名称为乌贝达帕拉多尔酒店。

▲左侧为乌贝达萨尔瓦多教堂旁边的迪安·奥尔特加宫，如今改为乌贝达帕拉多尔酒店

▲乌贝达巴斯克斯·德·莫利纳广场上的万德尔维拉雕像

圣地亚哥医院不收门票，但观者甚少。从路边远远望去，塔楼顶部那些蓝色、绿色和白色的陶瓷瓦片在阳光下闪现出阿拉伯式的光晕，提醒着人们乌贝达曾是一座伊斯兰教、基督教和犹太教并存过的和谐之城。这是在乌贝达住了将近二十年的万德尔维拉主持设计的最后一座建筑，当时被用作穷人治病的医院。二楼的回廊边上都是病房，如今作为办公室使用。从拱门进入之后，会看到一个方形的中庭，与来自意大利卡拉拉的抛光大理石柱支撑的双层拱廊组合在一起，塑造出一种对称的通透感。

▲乌贝达圣地亚哥医院的中庭

　　走上楼梯进入二楼的回廊之前，不用特意仰望，就会被那个犹如倒扣着的碗的拱顶和上面的绘画所吸引，这样的湿壁画尽管在意大利比比皆是，但在西班牙却是凤毛麟角。

除了欣赏万德尔维拉的作品之外，我们还去了世界文化遗产的阿尔卡萨雷斯圣玛丽亚教堂、圣巴勃罗教堂和圣伊西多罗教堂，这些建筑或出自万德尔维拉的弟子之手，或是来自建筑师的设计。16世纪，乌贝达的贵族通过委托万德尔维拉等建筑家设计建造一系列新建筑来炫耀自己的财富和地位，当时的他们并没有想到，这些举措会让乌贝达和邻近的巴埃萨一样，成为西班牙历史上最璀璨、夺目的文艺复兴建筑遗产。

▲乌贝达圣地亚哥医院的拱顶

▲乌贝达街道上兄弟会圣周游行装束
的铜像

每年圣周期间，乌贝达也有游行，只是规模并不算大。我们到达的时候，圣周已经结束，但绕过圣三一教堂和修道院，可以看到与马拉加一样头戴高顶尖帽、只露出双眼的兄弟会成员雕像。乌贝达是一座游客很少的静谧小城，但在圣周期间，估计游行也会持续到深夜吧。

站在乌贝达小镇的城外，可以看到起伏不大的一片片种满橄榄树的山丘。这时候如果有一位西班牙本地人走过来说"穿过乌贝达的山丘"，不了解其意的话，我们肯定会以为这是抒情诗中的一个句子。实际上，这是一个趣闻。1227年，在费尔南多三世统治时期，基督教徒发起了夺回乌贝达收复失地的运动，在这期间，国王身边的一个军官在战事中失踪了。战争结束之后，这位被大家认为已经阵亡的军官又突然现身。当费尔南多三世问他去了哪里时，他回答说"我在乌贝达的山里迷路了"。其实，这位军官在执行任务期间根本没有迷路，而是迷上了一个女摩尔人，将国王交代给自己的任务抛到了九霄云外。

▲乌贝达有一片片起伏不大的山丘和一望无际的橄榄树

此后，西班牙就出现了这句口头禅，用以形容一个人擅离职守、说话拐弯抹角或偏离主题。塞万提斯在《堂吉诃德》中描写堂吉诃德指责侍从桑丘讲话没有连贯性的时候，也引用了这个表达方式，将桑丘的言语比喻成"乌贝达的山丘"。

眼前没有凝露的点缀，也没有枯藤的比对。漫步在乌贝达，我突然产生了一种莫名的困惑之感。这里同格拉纳达、科尔多瓦和塞维利亚一样，都曾是摩尔人文化最深厚的地方，可以被视为西班牙的非洲。此时此刻，在太阳快要落山的时候，我坐在萨尔瓦多教堂不远处的萨尔瓦多观景台的石头矮墙上。时间静止了，周围没有一丝一毫摩尔人留下的痕迹。我眼前的乌贝达，难道还是安达卢西亚吗？

在距离乌贝达只有不到十千米的巴埃萨城外停好车，沿着坡路向旧巴埃萨主教座堂走去的时候，首先会看到圣胡安包蒂斯塔教堂的遗址。13 世纪收复失地运动之后，基督教徒在这里兴建了这座教堂，一直使用到 1843 年。此后这里遭到了严重的破坏，目前只剩下少量的北立面和六根石柱。

▲巴埃萨圣胡安包蒂斯塔教堂遗址

圣玛利亚广场上有一个十分美丽的圣玛利亚喷泉，是于 16 世纪中叶为纪念巴埃萨接通自来水而修建的。设计师将最下方的结构设计成了凯旋门，在晴朗的天空下，池水的碧波轻轻荡漾，很有庆祝的意味。

　　喷泉的对面，就是万德尔维拉在摩尔人清真寺的地基上于 16 世纪 60 年代重新设计和大规模重建的旧巴埃萨主教座堂。由于哈恩教区的主教座堂在 1249 年迁到了哈恩市，这座曾经的主教座堂就被冠以"旧"字称之。

　　在主教座堂内部，万德尔维拉使用十字形立柱和弧形的拱顶，继续呈现他在乌贝达所秉持的思路，创造出一种对称、平衡与优雅的空间。

▲巴埃萨圣玛利亚广场上的圣玛利亚喷泉

▲旧巴埃萨主教座堂

登上教堂的塔楼，可以看到广阔的原野，以及壮观的橄榄树林。最令我惊讶的是，教堂内的一个圣器收藏室里，书架上摆放着的四十多本书籍至少已有五六百年历史，却没有做任何保护措施，大部分已经严重破损。到底是因为它们不太重要还是其他什么别的原因，我们不得而知。

若是把白居易的"乱花渐欲迷人眼"放在西班牙，指的肯定就是巴埃萨。这是一个磁吸力超强的迷宫，街道上到处都是世界文化遗产的标志牌，一块牌子上有三四座建筑的图片，每张图片下面都有西班

▲万德尔维拉设计的旧巴埃萨
　主教座堂内部

▲旧巴埃萨主教座堂圣器收藏室内
　已经破损的书籍

牙语和英语两种文字，看着看着就会眼花缭乱起来。圣克鲁斯教堂、贝纳维德斯教堂、贾巴尔金托宫以及万德尔维拉头像面对着的圣母无原罪加尔默罗会神父教堂……我原来的计划是见到一个建筑就在笔记本上记下一个，但在弯弯曲曲的街道上，记到二十几个的时候我就目不暇接，再后来便晕头转向，干脆不记了。

▲巴埃萨贝纳维德斯教堂遗址

▲巴埃萨贾巴尔金托宫

▲万德尔维拉头像面对的圣母无原罪加尔默罗会神父教堂，旁边是一家米其林推荐餐厅

来到哈恩省，一定要尽可能多地品尝橄榄油。不论是哈恩市还是乌贝达和巴埃萨，到处都是售卖橄榄油的店铺。在乌贝达的橄榄园和橄榄油讲解中心，我们有一段不是喝酒而是喝油的经历。每个展柜上都有一些一次性塑料杯，你可以用它打自己喜欢的油试喝，在喝了十几种之后，王梓和我都喜欢上了同一款。哈恩省卡内纳小镇由七百多名农民联合组建的 SCA 圣马科斯橄榄油庄，使用的是哈恩省最主要橄榄品种皮夸尔，但这里不像很多橄榄油庄那样为了提高榨油量而特意在橄榄熟透的时候采摘，而是提早到每年十月初就进行早期收获。虽然产量降低了，但榨出来的油却有特别浓郁的香蕉和洋蓟的香气，让人一喝就爱不释口。

▲乌贝达售卖橄榄油的店铺，右下角是试喝橄榄油的塑料杯

▲王梓和我各买了一瓶五百毫升的 SCA 圣马科斯橄榄油庄的特级初榨橄榄油

尽管我们离开马拉加之后开到博瓦迪利亚小镇郊外的拉托雷橄榄油庄时吃了闭门羹，但离开巴埃萨的时候，我们还是决定前往另一家橄榄油庄。我特别喜欢车窗外到处都是橄榄树的场景，栖息在树枝上的鸟鸣像歌声，阳光普照，给了树枝和树叶以绵绵的暖意。在有着两千多年种植史的哈恩省，橄榄树的故乡不是在远方，而是近在咫尺。

位于比利亚戈多小镇的布拉沃勒姆橄榄油庄被公认为世界上最好的五家榨油厂之一，王梓也提前给他们发了三封邮件进行预约，但与我们在拉托雷橄榄油庄遇到的情况一样，也一直收不到确认的回复。开到油庄里面的停车场之后，我们看到了一位男士，王梓上前说明来意，那位男士能听懂几句英语，却说不出来，只用左手指着前面的办公室让我们过去，又用右手指着相反的方向，意思是他让另外一个人过来。

过了一会儿，来了一位特别爱笑的年轻女士，她说自己是公司的营销人员，却一句英语也不会说。看得出这里的橄榄油根本不愁国际销路，原因一是西班牙国内对油供不应求，二是肯定有出口经销商给他们做代理，否则他们的特级初榨橄榄油怎么会在 2023 年伦敦和中国的国际橄榄油大赛中获得金奖呢？

一个有趣的场面出现了：王梓打开手机里的翻译软件，双方开始了看一句、说一句、听一句、笑一句的交流过程。她介绍说现在他们正拆除设备向附近的新厂房搬迁，很抱歉不能带我们参观。这里有 10

▲布拉沃勒姆橄榄油庄不会说英语的女营销员正在介绍重口味的紫色瓶装和水果味的绿色瓶装特级初榨橄榄油

月初采摘的皮夸尔橄榄。她向我们介绍了两种最有代表性的油，一是水果味的绿色瓶装，二是重口味的紫色瓶装，都是用来面包蘸着生吃或者拌沙拉的。按理说三个人的口味并不相同，而两种橄榄油我们都是一喝就欲罢不能，每喝一口都情不自禁地竖起大拇指，引得那位女士哈哈大笑个不停。

拉托雷橄榄油庄和布拉沃勒姆橄榄油庄不回复邮件的原因被我们找到了——他们没有人会说英语。但为什么不在网站上标注会说英语的代理商的名称和邮件呢？也许从来就没有西班牙之外的人特意来这里吧，我们只能这么猜测。

带着满口的油香，我在前往科尔多瓦的路上发了一条朋友圈，"昨日我爱极了乌贝达，今天又爱死了巴埃萨"，我觉得这是最深情的一句话。

15 科尔多瓦

阿拉伯文明的美丽幸存

大仲马的身上具有众多酷爱旅行的细胞，对陌生的国度充满了好奇，总是用冒险来忘记过去，通过一个又一个异国的情调，激发出写作的动力。他的小说杜撰了许多奇幻的情节，但他走过的路线却是真实的，例如他在《从巴黎到加的斯》中提到的他从格拉纳达去的下一个地方——科尔多瓦。

我们三个人没有像大仲马那么走，因为在伊斯兰教和基督教文化交相辉映的格拉纳达住上几天之后，只想更换一种新的视角，而乌贝达和巴埃萨的文艺复兴气息对我们来说就是最好的缓冲。从格拉纳达直接前往科尔多瓦，就如同听大多数指挥家指挥奥地利作曲家马勒的《第六交响曲》。出于以讹传讹的原因，无论是现场演出还是唱片录音，大都在第一乐章的快板之后，紧接着演奏第二乐章的谐谑曲，且将慢速的行板放在第三乐章。但前两个乐章都是快节奏，会把悲剧性层层累积成山雨欲来之势，阴风怒号与浊浪排空的双重压抑感非常容易让人万念俱灰。因此，用温婉的行板作为第二乐章，是一种很好的缓解。给激昂的心绪稍微降温并得到暂时的温柔抚慰之后，再去经历新来的刺激，才是恰当的顺序。

在我们看来，马勒的行板是乌贝达和巴埃萨，而第三乐章的谐谑曲就是科尔多瓦。

摩尔人711年侵入伊比利亚半岛的时候，中世纪的欧洲在历史上并没有什么闪光点。约翰·克罗在《西班牙的灵魂：一个文明的哀伤与荣光》中写道："希腊和罗马人掌控了古代世界，西欧主宰了现代文明，阿拉伯文明则无疑是中世纪的主要力量。"可以说，正是因为不擅原创但善于吸收和模仿的摩尔人的介入，西班牙才出现了充满生机与活力的文化繁荣，与中世纪欧洲基督教文明庞大又黑暗的现实形成了鲜明的对比。摩尔人在西班牙先后建立了三个阿拉伯文明的中心，分别是8至11世纪的科尔多瓦、11至13世纪的塞维利亚和13至15世纪的格拉纳达。

来到阿拉伯文明的第一个中心，首先要看科尔多瓦大清真寺（又名科尔多瓦主教座堂）。之所以它有两个名称，与这座城市的经历有关。750年，位于大马士革的倭马亚王朝被此后定都巴格达的阿拔斯王朝推翻，所有王室成员惨遭屠戮，只有时年二十岁的第十代哈里发的孙子阿卜杜勒·拉赫曼一世从叙利亚成功逃离。这位后来被誉为"宽容的穆斯林"的年轻人先是逃往摩洛哥，后来又乘船在西班牙的马拉加登陆，北上来到科尔多瓦，率领他的支持者击退了阿拔斯王朝的军队，取得了伊比利亚半岛穆斯林政权的掌控权。756年，胜券在握的拉赫曼一世在科尔多瓦建立了后倭马亚王朝，王宫就位于现在的科尔多瓦大清真寺内。

伊斯兰教徒控制了科尔多瓦之后，没有把基督教徒当作敌人。他们买下了位于科尔多瓦大清真寺原址的圣文森特教堂的一半用于祷告，另一半则让基督教徒继续使用，这是两种宗教文化从一开始就和谐相处的先声。后来基督教徒通过收复失地运动收回科尔多瓦，基本上也没有拆毁圣文森特教堂，这是对过去伊斯兰教徒善行的一种回报。785年，拉赫曼一世并非强行占有而是买下了圣文森特教堂的另一半，并兴建了科尔多瓦大清真寺。后来此处被他的继任者不断加盖，直到成为现在的规模。

拉赫曼一世怀有宏大的抱负，想把科尔多瓦打造成欧洲土地上最雄伟、气魄的阿拉伯都城，因此他最先着手兴建的就是大清真寺。如今我们已经看不到原来铺在地板和内墙上五颜六色花纹的瓷砖和镶嵌画以及被磨得发亮的大理石，那些五光十色的灯具和精雕细刻的镶金杉木天花板也所剩无几。但在最繁盛的时期，科尔多瓦大清真寺内有一千二百多根立柱、三百座烛台和四千盏油灯，这庞大的体量，足以让我们闭上眼睛去幻想一幅琳琅满目、五彩斑斓的壮观图景。

从拉赫曼一世开始，科尔多瓦就被摩尔人精心经营。912年，被称为"正义者"的二十一岁的阿卜杜勒·拉赫曼三世登基，此时的科尔多瓦已经成为拥有二三十万人口的大城市，而同时期的伦敦和巴黎才各有不到两万人而已。10世纪的科尔多瓦有将近七百多座大小不一的清真寺、三百个公共浴场、二十万栋房屋，甚至还有一所大学。城镇的街道上有公共照明设施，据说城内还有六七十座图书馆，藏书总量将近四十万册。约翰·克罗在《西班牙的灵魂：一个文明的哀伤与荣光》中说"摩尔人很自然地认为，不爱水的基督教徒从来都不洗澡。他们自从出生被洒水后，这辈子就再也不用洗浴了"。菲利浦·希提在《阿拉伯通史》中更是直截了当："当牛津大学的学者仍然认为沐浴是一种异教徒的风俗的时候，科尔多瓦的科学家们早已在富丽堂皇的澡堂里享受好几个世纪了。""穆斯林首都的声誉，深入辽远的德国。一个撒克逊的修女，称科尔多瓦是世界的珍珠。"

作为古希腊和古罗马文明的真正继承者，摩尔人吸收了古希腊的哲学、古罗马的法律和政府架构、拜占庭和波斯的艺术以及犹太教和基督教神学的精华，让科尔多瓦一举成为 10 世纪欧洲仅次于君士坦丁堡的文化、艺术、科学和经济中心。基督教的国王和很多贵族纷纷前往科尔多瓦治病，接受白内障和带有麻醉技术的脑部压力手术。代数和阿拉伯数字（尤其是数字 0）被摩尔人在科尔多瓦大量使用，不仅代替了欧洲普遍使用的罗马数字，而且通过科尔多瓦传到了欧洲各地，极大地方便了人们的日常生活。

哈罗德·因伯格在《安达卢西亚的幽灵》中写道："伊斯兰教时期的科尔多瓦在人们的记忆中一直是最伟大的穆斯林城市。科尔多瓦是一扇大门，伊斯兰文明由此传至欧洲北部；它同时是一个通道，野蛮人统治的欧洲由此再度取得了与他们早已遗失的地中海文明的联系。从科尔多瓦的哈里发开始，希腊哲学与古典文学越过比利牛斯山脉，再度回到了哥特人的欧洲。""从伊斯兰教统治下的南方地区传入天主教统治下的北方地区的除了自然科学、医学、天文学，还有大量印度斯坦地区的神话传说。"

虽然阿拉伯世界的政治纷争和政权更替频繁，但无论是在大马士革、巴格达还是科尔多瓦，文化的昌盛并没有因为战争而中断，其中最值得一提的是从 8 世纪中叶到 10 世纪末长达二百余年的"希腊-阿拉伯翻译运动"。阿拉伯知识分子将古希腊、波斯和印度的哲学、天文、植物、医学等学科的典籍译成阿拉伯文，他们没有刻意将其传到欧洲的目标，但文化的传播并不受国界和疆域的限制。如今很少有人提及希腊－阿拉伯翻译运动对于欧洲文化启蒙的影响力，是由于自恃正统的欧洲人觉得他们才是古希腊和古罗马文明的真正传人，他们并不想心甘情愿地承认希腊－阿拉伯翻译运动，且以有些翻译曲解了原意而加入了译者的阿拉伯意识因此并不纯正为借口。这正是某些欧洲人的狭隘之处。

诚然，有的阿拉伯译者的确在译文中加入了一些自己的注释或者见解，并非百分之百地照实翻译，但如果没有阿拉伯语的译文，很多古希腊的典籍早已荡然无存。虽然此时距离意大利文艺复兴还有三四百年，但文化潜移默化产生的影响并不能进行简单的量化。可以说，带有众多古希腊和古罗马文化元素的阿拉伯文明通过科尔多瓦传向欧洲，是一种量变，正是这些积淀孕育了意大利文艺复兴的曙光。

在拉赫曼一世的时代，与伊斯兰教相关的所有学科都充满了生机，让科尔多瓦的基督徒们既眼花缭乱又羡慕不已。在没有被强迫的情况下，很多基督教徒自愿改信伊斯兰教，没有改信的，也开始模仿阿拉伯人的生活方式。另外，最难能可贵也最被人称道的是，摩尔人给予了犹太教和基督教信仰和信徒们最起码的尊重。在摩尔人看来，不必对文化的多元性进行争论，犹太教徒和基督教徒只要缴纳一定的税款，就可以继续出入自己的教堂。与君士坦丁一世之前的罗马帝国对基督教的疯狂迫害相比，完全不可同日而语。

写到这里，我十分推荐1886年出生于黎巴嫩的美籍文化史学者菲利浦·希提撰写的汉译两卷本的《阿拉伯通史》。从该书描述的美国人的认知来看，"美国公众甚至其中包括那些受过教育的阶层，目前对阿拉伯世界人和穆斯林几乎一无所知"。其实，绝大多数的欧洲人和受到"9·11"恐怖袭击的美国人一样，长期以来对伊斯兰历史和阿拉伯文明缺乏最基本的了解，他们的偏见完全来自西方媒体的情绪导向。只有读了《阿拉伯通史》，再在安达卢西亚的科尔多瓦、塞维利亚和格拉纳达这个欧洲的阿拉伯三角地带停留至少十几天，才能站在一个客观而公正的立场做出自己的判断。

　　带着这样的意识，我们进入了科尔多瓦大清真寺。我们对视线所及之处有了更加直观的认识，因那些登峰造极的文化成就发出了由衷的叹服之声。大清真寺的中央部分被此后收复失地的基督教徒拆除且改建成了现今的科尔多瓦主教座堂，主教座堂里的主祭坛和唱诗班有着似乎故意要与科尔多瓦大清真寺一比高下的壮丽与堂皇。穿过肋状圆顶的中殿和交错的多叶拱门，走到伊斯兰教徒祷告的米哈拉布——类似教堂主祭坛的大清真寺内最重要位置的壁龛，抬头仰望墙壁上保留至今的镶嵌画（马赛克），会被眼前那种金碧辉煌惊到目瞪口呆。

▲科尔多瓦大清真寺主祷告厅米哈拉布上面的镶嵌画（一）

▲科尔多瓦大清真寺主祷告厅米哈拉布上面的镶嵌画（二）

▲科尔多瓦大清真寺主祷告厅米哈拉布上面的镶嵌画（三）

由于伊斯兰教不允许在清真寺中展现人物，例如意大利蒙雷阿莱大教堂里耶稣的巨幅镶嵌画那样的图景，穆斯林艺术家和工匠们只能使用花草与树木的图案进行装饰。但他们并不是简单地复制花木的图案，而是进行了错综复杂的升华。展现在我们眼前的，如同铺装的金、蓝、绿与褐色混合而成的织锦，逸态横生、碧纱如烟。明明是一个祈祷的地方，却偏偏让我们飘飘欲仙，完全沉浸于醉人的意境中。

走在大清真寺内，阿拉伯的立柱群不知不觉间就变成了绿洲里的热带雨林，雨林的每一棵树都是不同的，大清真寺里的立柱也各异其趣。既有雄心勃勃的拉赫曼一世从法国和西班牙的古罗马建筑中拆下来的圆柱，也有一些来自迦太基的遗迹。材质从大理石、碧玉、斑岩到角砾岩，应有尽有。用这些立柱支撑起来的双层马蹄形拱券，曾经让大仲马如梦似幻地写下了这样的语句："我们首先穿过一座宏大的铺着大理石地面的前庭，它的中央还有一个永不干涸的泉眼，庭院四周环绕着果实累累的棕榈树、柏树、橙树以及柠檬树。当穿过这充满

▲科尔多瓦大清真寺里的立柱和双层马蹄形拱券

阳光而又郁郁葱葱的庭院,进入这座摩尔人所建的古建筑柱林的时候,梦幻般的感受油然而生。"

西班牙语世界最著名的小说家及散文家之一、墨西哥作家卡洛斯·富恩特斯曾经这样描写他看到的那些立柱:它们"展现了所有与西班牙有关联的地中海文明的风格,既有希腊式的、迦太基式的风格,也有罗马式的、拜占庭式的风格。置身于大清真寺之内,会产生身处没有中心且无穷无尽的幻境之中的感受,会让人想象神与人之间在冷漠的错综复杂中不断地相互寻找对方,都在期待着对方可以继续那永无止境的创世纪的任务。石柱林看起来一直在变化,直至眼前的真实世界以及内心幻境中出现数以百万计的镜子。面对世界上最富丽堂皇、最让人热血沸腾的建筑之一,其中所有东西都必须要重新加以设想"。

▲科尔多瓦大清真寺内景

1236年，在收复失地运动中从摩尔人手里收回科尔多瓦的费尔南多三世下令拆除了大清真寺中央的一部分，建立了一座教堂，却依然保留了四周的大清真寺。只缘身在此山中，可惜我们没有机会在其他地方登高望远，去拍一张呈现大清真寺环绕主教座堂的照片。在登上钟楼的途中，我们只能在一个角度拍摄，而登顶之后，就拍不到俯瞰的全景了。

▲攀登钟楼途中看到的被大清真寺环绕的科尔多瓦主教座堂

▲在科尔多瓦大清真寺的庭院里看科尔多瓦主教座堂的钟楼

我们商定先绕大清真寺走一圈，然后再去主教座堂，这样做的目的是在心理上形成一个循序渐进而不是跳跃式的过程。单看主教座堂的穹顶、主祭坛和唱诗班，有着与西班牙其他教堂大同小异的美——美则美矣，偏偏选错了地方。16 世纪时，有位主教请求国王查理一世同意拆除大清真寺中心的一部分以增建唱诗班，但他的提议遭到了科尔多瓦市议会的强烈反对。不过，查理一世最终批准了主教的请求。后来，查理一世来到这里看了唱诗班后，以非常遗憾的口气对主教说："你为了建造本可出现在任何地点的建筑，破坏了这栋独一无二的杰作。"

▲ 16 世纪拆除大清真寺中间的一部分之后加盖的科尔多瓦
主教座堂唱诗班

▲科尔多瓦主教座堂内景（一）

▲科尔多瓦主教座堂内景（二）

晚上 11 点半吃完晚餐，街道上早已没了游人，我们又绕着大清真寺走了一圈，感受科尔多瓦夜的深沉。包括最早建于 785 年的圣斯蒂芬门在内，所有的门都紧闭着。在收复失地运动之前，大清真寺总是敞开所有门，就和科尔多瓦的伊斯兰教徒的包容之心一样敞亮而豁达。一位青年男子坐在折叠椅上正弹奏吉他，同我们没有任何交流，待我们三个人在他面前站定之后，他弹起了弗朗西斯科·塔雷加的《阿尔罕伯拉宫的回忆》。恰逢其时的旋律飘在万籁俱寂的街上，于我而言是贴近耳膜的唤醒。它不是回忆，而是清凉时分从打开的穆德哈尔式的门内传出来的祷告声。尊重一种虔诚，就是满怀一份恭敬。离开这里之后，我像是被催眠了似的，只想快一点走回住处，进入梦中。

▲科尔多瓦大清真寺外一位年轻男子正在弹奏《阿尔罕伯拉宫的回忆》

929 年 1 月，母亲是基督教女奴的拉赫曼三世宣告自己为哈里发。在此之前，包括他祖父拉赫曼一世在内，都自认为是管理一方水土的地方行政长官埃米尔。而哈里发是穆罕默德的继承者，是管理庞大伊斯兰帝国的政教合一的精神领袖。实力强大到睥睨天下的拉赫曼三世认为，那个曾经推翻倭马亚王朝的阿拔斯王朝的哈里发和北非法蒂玛王朝的哈里发都不能与自己相提并论。为了突出哈里发的显赫地位，拉赫曼三世在科尔多瓦郊外建了一座哈里发王国——麦地那·阿沙哈拉宫。麦地那是阿拉伯语中城市的意思，阿沙哈拉则是拉赫曼三世宠妃的名字。宫殿据说长度为一千五百多米，有七百五十多米宽，共有四百多个房间、一千五百多扇铁门或青铜门、四千多根大理石柱。中央庭院建了拉赫曼三世最爱的水银喷泉池，水银和水一样可以荡漾，而一旦流动起来，银光就会反射到周围的房屋和树木之上。那种场景谁也没有看过，一切全凭想象。

菲利浦·希提在《阿拉伯通史》中写道：宫殿建成之后，"科尔多瓦从来没有过这样的繁荣，安达卢西亚从来没有过这样的富裕，这个国家从来没有过这样的威武，所有这些，都源自一个天才"。可惜的是，拉赫曼三世死后，因为宫廷内部的争斗，1010 年，这座比大清真寺还美上千万倍的宫殿被叛军付之一炬，此后便彻底被遗忘。1911年的考古挖掘，才使得这一建筑奇迹得以复活，但迄今为止，原占地一百一十多万平方米的废墟只有十分之一重见天日。

我们来到科尔多瓦，除了大清真寺，最想去的就是这座宫殿。开到停车场的时候，没发觉任何异样，但到了售票处之后才得知当天有比赛需要封路。宫殿位于半山腰，因类似山地车比赛而封路的话，车就开不上去。售票处说作为补偿，免费给我们三张博物馆的门票。

博物馆内的展板上有挖掘遗址的详细介绍，展柜里摆放了挖出来的鲜有完整的柱头、柱体以及雕刻着植物花纹图案的大理石残块，还展示了众多挖掘现场的图片。到西班牙之前，我看了拍摄宫殿的纪录片，原本无限的期待突然变成了近在咫尺的可望而不可即。经过短暂的心理自愈疗法，我释然了，因为旅行就是快乐和悲伤以及满足与遗憾的结合体，任何旅行，都会有一个或者几个不完美的过程。

▲博物馆里展出的挖掘出来的一个相对保存完好的柱头

Fragmentos de ataurique hallados en las excavaciones de 1911
Fragmented atauriques (floral motifs) found during the 1911 excavations

▲ 1911 年挖掘出来的花纹雕饰残片

Excavación del Salón Basilical Superior, hacia 1918
Excavation of the Upper Basilica Building, c.1918

▲ 1918 年的挖掘现场

Vista del yacimiento a comienzos de la década de 1960
View of the excavation site in the early 1960s

▲ 1960 年航拍的挖掘现场

▲ 2003 年修复之后的大门，翻拍自博物馆展板

离开博物馆，我情不自禁地频频向山腰处于 2018 年获批世界文化遗产的遗址方向望过去。在遗址的旁边，绿树掩映着一座长方形的建筑。那是建于 1405 年的瓦尔帕莱索圣赫罗尼莫修道院，是科尔多瓦第一座哥特式建筑。可惜它现为私人所有，从 2014 年以来每年只开放八天，每次都只接受人数很少的团体预约参观。

停车场旁边，有几棵 13 世纪的橄榄树，现在仍然活着。它们还是小树的时候，那座宫殿可能还有很多裸露的废墟，种这些树的人们一定从长辈那里听说过很多宫殿的逸事。七八个世纪之后，只有少量骇人的苦寒可以被倾诉出来，而绝大部分的如梦似幻的残迹依旧在长眠。一个文明曾经有过光彩夺目的岁月，没有了烟火生气之后，只留下绵绵无尽的慨叹。

▲从停车场远眺瓦尔帕莱索圣赫罗尼莫修道院

▲博物馆外停车场旁边一棵13世纪的橄榄树

走在科尔多瓦犹太街区的街道上，所有民居的墙壁都被刷得雪白，有的住家的中庭只安装了一个铁质的栅栏门，路过的人都会被里面的布置所吸引，停下脚步欣赏一下。复合柱支起来的弧形拱廊和中央的空地上摆满了各种花草，墙上挂着各种颜色和花纹的瓷盘。如今住在这里的是犹太人、伊比利亚人还是摩尔人的后裔？我猜不出来，因为从拉赫曼一世以来，这座城市的性格就是互通与共融。在这个世界上，也许只有少数几座城市像科尔多瓦一样，一直持续着这种传统。

▲从铁栅栏门外看到的科尔多瓦犹太街区住家的中庭

在阿拉伯文明里沉浸的同时，我们不时地回到古罗马、文艺复兴时期以及此后的黄金时代。在克劳迪奥·马塞洛街上，虽被施工的围栏围着，但古罗马神殿的废墟傲然挺立，特别醒目。20世纪50年代在扩建市政厅的时候，只找到了十一根科林斯柱式的立柱，其中八根柱头保存完好，其余的十七根立柱和柱头早已无影无踪。

我们在建于 15 世纪的文艺复兴风格的维亚纳宫里也有了新的发现。荷兰黄金时代画家维米尔的油画目前只有三十几幅存世，除了荷兰之外，主要在英、美、法、德等国；西班牙和意大利一样，都没有收藏其任何作品。但是在维亚纳宫，竟然有一个角度的场景酷似维米尔作品的画境。

▲科尔多瓦的古罗马神殿废墟

在疏远了圣地亚哥朝圣之路之后，我们在科尔多瓦的圣尼古拉斯别墅教堂看到了一位长跪不起的朝圣者。五年前在西班牙北部，我们每天在教堂里都能遇见这样的场景。按照让－克里斯托夫·吕芬在《不朽的远行》中"只

▲从维亚纳宫的这个角度看，就是维米尔作品的画境

有从比利牛斯山出发，走过西班牙境内某条最长的线路的步行者才能算作同道中人"的说法，这位应该非常值得尊敬。他的背包和鞋底都很新，应该是刚从科尔多瓦出发，要去往塞维利亚，然后沿着白银之

路走到圣地亚哥－德孔波斯特拉。他要比让－克里斯托夫•吕芬多走二百多千米，需要更为坚定的毅力与充沛的体力。

▲科尔多瓦圣尼古拉斯别墅教堂里一位长跪不起的朝圣者

作家兼美食家大仲马曾经写过一本《烹饪词典》，用了仅次于描写法餐的篇幅，叙述了他在西班牙吃过和做过的美食。科尔多瓦有一家米其林三星餐厅努尔，主打阿拉伯菜品，让我们感到好奇。在科尔多瓦有了比较深入的阿拉伯文明体验之后，在当地了解并品尝阿拉伯美食，绝对是画龙点睛之举。

主厨帕科·莫拉莱斯于 2016 年在自己的家乡开了努尔餐厅，七年之后摘得了米其林三星。他说自己制订出独特的烹饪方案是受到了科尔多瓦历史和文化的启发，尤其是拉赫曼三世在麦地那·阿沙哈拉宫创建的哈里发王朝。正是因为有了拉赫曼三世，科尔多瓦才变成了当时世界上最有文化和最为先进的城市。因此，莫拉莱斯与西班牙的考古学家、文献学家和历史学家一道，从拉赫曼三世和其他科尔多瓦的古籍之中寻找阿拉伯美食的蛛丝马迹。

我们坐出租车提前十分钟来到晚上 8 点半开门的餐厅门口，周围已经有几位西装革履的男士在踱步等候。经过维米尔和圣地亚哥朝圣之路的短暂过渡，我们三个人在这里进入了阿拉伯美食世界，停留了整整四个小时。

进门之后，店员拿出了一把铜壶让我们洗手，里面装满了用科尔多瓦作为路边树的橘树的花泡的水。他说这是阿拉伯人的习惯，如果有人来做客，主人都让客人先洗手，然后自己再洗。"Noor"在阿拉伯语中是清淡的意思，果然用橘花水洗了手之后，如同"掬水月在手，弄花香满衣"。淡淡的幽香，顿时让我们觉得这肯定是阿拉伯香料的前奏曲。

▲科尔多瓦努尔餐厅给刚进门的客人洗手用的铜壶和石盆

刚坐下来，一位女士就端来了特制的三层木质托架，上面摆了一些具有代表性的阿拉伯香料。她手里举的长牌上，标注的是根据17世纪的阿拉伯菜谱归纳的香料以及帕科·莫拉莱斯在米其林一星、二星和三星餐厅时使用的不同香料的名称与图样。她告诉我们，今天的菜品主要使用的是阿拉伯香料，这正合我们的心意。

▲女店员向我们介绍主厨在米其林一星、二星和三星餐厅时期使用的阿拉伯香料

享用二十道菜和甜品的过程虽然漫长，但因为每一道的味道都有别样的精彩，我们全然感觉不到时间的流逝。扬声器播放着阿拉伯音乐，每一道菜的餐具都相当精细而别致，餐盘上的花纹更让食客深深陷入阿拉伯的世界，浓得化不开，出都出不来。

第四道菜是加了鱼子酱的蛋黄、摆在白色酱汁周围切成薄片的刺山柑和来自阿拉伯的小香菇。尝一口，满口都是在西餐厅里没有尝过的淡香，是一种从来没有感受过的味道。

▲努尔餐厅的蛋黄鱼子酱和刺山柑

第五道是牡蛎，配以用菠菜做的酱汁、青豆和冰得极凉的绵羊奶酪，还滴了果香十分浓郁的初榨橄榄油。令人无比惊奇的是，浓浓的绿色的酱汁竟然没有一点儿菠菜的味道，从而以绝不喧宾夺主的心态突出了牡蛎的咸鲜，而冰镇的奶酪让我有沉入海底的感觉，虽冰冷，但再来一口牡蛎，就马上回到了盎然的春天。

这道菜之后，背景音乐换成了女声，让我们立即想起里姆斯基–科萨科夫的《天方夜谭》。吃到第十六道的时候，主厨笑着走过来，第一句话就是问我们："是不是吃撑了？"既然知道这些菜能够吃到撑，估计其他很多客人也和我们一样，看着最后端上来的三层阿拉伯式的甜品，一块也吃不下去。

▲努尔餐厅的牡蛎配菠菜酱汁和冰镇羊奶酪

▲努尔餐厅的甜品

和本篇最贴题的是第十二道菜，菜谱来自 17 世纪，帕科·莫拉莱斯主厨对其稍微做了改良。白色鱿鱼片配黄色的菌菇酱汁和黑松露，鱿鱼的肉质嫩到了极致。最有意思的是米色巧克力片上的字样"Abbasiya"，这是推翻拉赫曼三世祖父那个倭马亚王朝的阿拔斯王朝，很显然，主厨的创意是在告诉我们，没有那次推翻，没有拉赫曼三世的统治，就不会有麦地那·阿沙哈拉宫，更不会有在历史上曾经璀璨过的科尔多瓦。

▲努尔餐厅的鱿鱼配菌菇酱汁和黑松露，巧克力片上的文字
是"阿拔斯王朝"

16 梅里达、卡塞雷斯
交相辉映，两座最难忘的城

基因是强大的，无论多少。

罗马帝国的开国君主奥古斯都（原名屋大维）在公元前25年向梅里达派出了两个军团，用以保护流经伊比利亚半岛的主要河流瓜迪亚纳河上作为战略通道的桥梁。此后梅里达定为卢西塔尼亚行省的首府，古罗马人在此兴建了与帝国其他主要城市相同的基础设施，至今依然可见的有圆形剧场、竞技场、广场、神殿、渡槽、石桥等。

最初的一批罗马人非常喜欢居住在这个生活设施齐全的地方，在这里定居之后，他们留下了在冷兵器时代最骁勇善战的基因，这批基因一直遗传至今。711年，来自北非的摩尔人横跨只有十一海里的直布罗陀海峡侵入西班牙，开始了对欧洲大陆最具有戏剧性的征服。很多地方例如我们去过的阿尔奇多纳和马拉加等都是不攻自破，而托莱多、科尔多瓦和塞维利亚也只抵抗了两个月至一年，便纷纷落入摩尔人之手。当时半岛上最为勇猛的人们是传承了古罗马基因的梅里达人民，经过一年半宁死不屈的坚守，才在713年6月1日被强烈猛攻之后失手。

正如摩尔人并未强迫基督教徒改变信仰以及没有破坏既有的文明成果一样，在伊斯兰教主导的世界，梅里达依然是基督教的主教区，直到1119年主教座堂迁到了圣地亚哥－德孔波斯特拉。除此之外，城内的古罗马建筑也大都得以保留。在1230年的收复失地运动中，梅里达重新回到了基督教徒手中。"非常高贵、古老、伟大和忠诚的梅里达之城"这一称谓，既是对这座城市的尊重，也是对梅里达人民的致敬。

来梅里达之前，我看过十座古希腊和古罗马剧场。我只看到过半圆形的石阶看台，却从没看到过舞台的模样。到了梅里达的古罗马剧场，我第一次看到舞台后面有景屋和众多立柱，算是对古希腊与古罗马剧场完整的概貌有了最直观的印象。尽管那些科林斯柱、砖墙和雕像是20世纪六七十年代在考古学家和建筑学家的指导之下遵循原样重建和复原的，却很有感染力和说服力。

▲梅里达的古罗马剧场

这座剧场于公元前 16 至前 15 年建在背倚山坡的地带，从而在坐满六千余人之后，有着良好的音响效果。剧场被弃用之后，逐渐被泥土掩盖，最后只露出了最上层的看台，因为远看像七把没有扶手的座椅，因此被称为"七把椅子"。考古学家于 1910 年也就是比科尔多瓦的麦地那·阿沙哈拉宫提早一年开始了挖掘，逐渐将这一壮观的剧场重新展现在世人面前。

▲未被挖掘时被称为"七把椅子"的梅里达古罗马剧场

从立在看台上的提示板可以看出，古罗马人通常按照等级和行业属性就座。最下方靠近舞台的半圆形位置的"magistrados"是法务官；后面的"caballeros"是未婚男士；左侧区域在舞台正左上方大包厢的"patrocinadores"是赞助商，其右的"niños y pedagogos"是老师和儿童；大包厢以及老师和儿童后面的"ciudadanos romanos"是罗马公民，顺势占据了整个半圆形；老师和儿童右侧正对着舞台弧形的"soldados y veteranos"是现役和退役军人，其右的"hombres casados"是已婚男士；后面上层看台的"esclavos y extranjeros"是奴隶与外国人；最上一层的"mujeres"是女士。

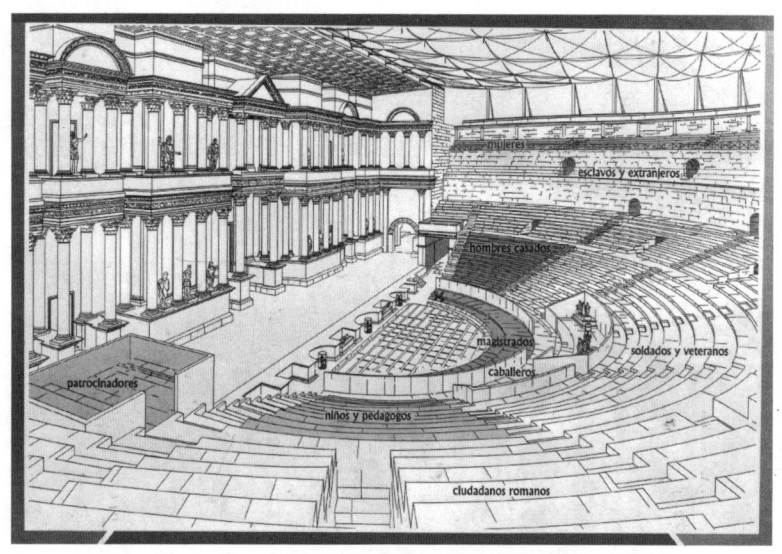

▲梅里达古罗马剧场提示板上的古罗马人座位分布图

▲已被关闭的梅里达古罗马剧场最上层看台

如今，只有当时地位最低的人们就座的最上层看台还有古罗马时代的痕迹，但已被岁月摧残到只剩下了断壁残垣，下层看台全都被重新铺装了现代石板。每年 7 至 8 月，梅里达国际古典戏剧节在此举办，三千余人坐在新看台上欣赏今人的仿古表演。这是梅里达每年最为隆重的节日之一。

▲梅里达古罗马剧场提示板上的古罗马演剧模拟图

为了保护此处，从这里出土的雕塑都已被保存在距此很近的国家罗马艺术博物馆内。但为了复原当时的场景，几个位置上还是放置了雕像的复制品，例如在舞台景屋的中央矗立着的一座女性雕像。在博物馆里的大理石雕像完工于 1 世纪，高达两米。这座雕像是坐着的女性，头戴王冠，佩戴着面纱，面纱垂到左臂，遮住了右肩。她穿着带袖子的束腰外衣，系于腰上的丝带在胸前打了一个结。左右脚一前一后，但左脚和两只手已经断裂无存。对于这座两千多年前的雕像雕刻的到底是谁、当初被安放在什么位置，迄今一直没有定论。梅里达的专家们认为她是古罗马神话中主管农业和丰收的女神克瑞斯，本该放置在剧场最中间；但也有专家认为她是皇后。当初被挖掘出土之后，这座雕像与在剧场发现的其他雕像不同，它没有底座，背后有悬挂装置，因此判断应该是紧贴着墙壁的。

博物馆雕像的标牌上印着"克瑞斯"，看来这是梅里达人对其来历的普遍看法。我猜测在一个以农业为经济基础的社会里，放置农业和丰收女神雕像的目的，一定是祈祷风调雨顺和民安物阜。

▲梅里达古罗马剧场中央放置的罗马神话中主管农业和丰收的克瑞斯女神像的复制品

▲梅里达国家罗马艺术博物馆保存的原来安放在古罗马剧场的罗马神话中主管农业和丰收的克瑞斯女神像

▲从古罗马剧场出土、目前在梅里达国家罗马艺术博物馆里展出的奥古斯都的大理石头像

　　景屋后面的一个房间里出土了一些小型雕塑，其中最醒目的是奥古斯都头像。这个位置应该是一个图书馆，放置奥古斯都头像的目的明显是昭示开国君主的尊严。

　　古罗马剧场的旁边，是公元前8年建成的古罗马竞技场。此处主要用于角斗士以及角斗士与狮子和老虎等猛兽之间的残杀表演，观看这种表演是古罗马公民最主要的娱乐生活之一，使这里受欢迎的程度胜过古罗马剧场。椭圆形的竞技场可以容纳一万五千多名观众。从梅里达国家罗马艺术博物馆展板上翻拍的图片中可以看出，无论是规模还是气势，这个竞技场都比古罗马剧场更加雄伟。

▲梅里达国家罗马艺术博物馆内
古罗马剧场和竞技场的航拍照片

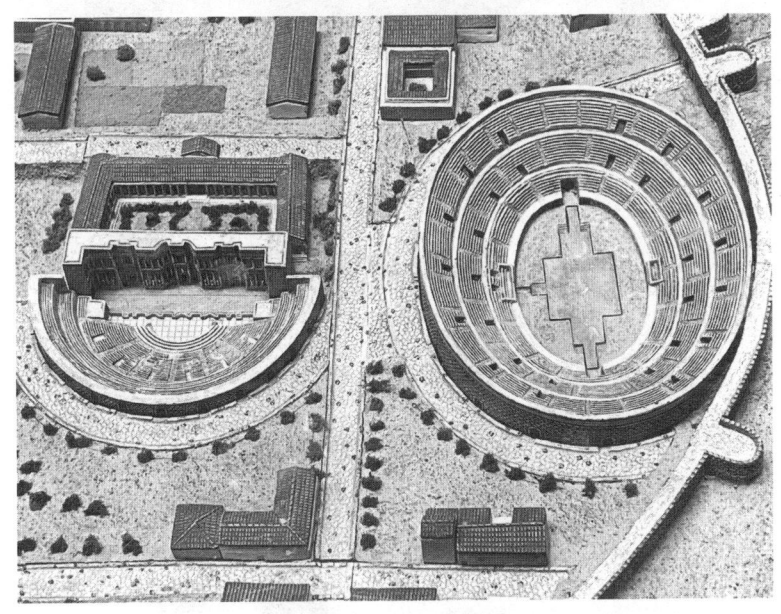

▲梅里达国家罗马艺术博物馆内
古罗马剧场和竞技场的复原模型

公元 4 世纪遭到废弃后，竞技场一直被泥土掩盖，1910 年才与古罗马剧场一起被挖掘出来。与古罗马剧场一样，竞技场只有上层未被重修的看台依然是残破的原样，下层看台的一部分换成了新的石板。我们去的时候，这里正好在排练古罗马的戏剧。两个男演员一个右手拿着名为西卡的短刀，另一个左手拿着盾牌，在导演的要求下反复练习搏击的动作。

▲梅里达古罗马竞技场

▲演员正在梅里达古罗马竞技场排练古罗马戏剧的场景

1993 年被列为世界文化遗产的梅里达考古群，是一个伟大文明全面而精美的实物例证。古罗马帝国的剧场、竞技场、神殿、桥梁、房屋、城墙、渡槽、排水沟等被两千年无情无义的风雨不断剥蚀，而雕塑、镶嵌画、壁画、墓碑、陶器、玻璃制品、钱币和工艺品等被泥土层层覆埋，只能在梅里达周围两万平方千米的地下保持沉寂。当我看到它们被考古学家精心剥离后集中展现在梅里达国家罗马艺术博物馆里的时候，情不自禁地发出了这样的惊呼：

　　伟大的古罗马!

　　伟大的梅里达!

▲梅里达国家罗马艺术博物馆

1838 年，在梅里达如今的博物馆现址兴建了一座考古博物馆。1975 年，梅里达建市两千年时，市政当局决定修建一座新的馆舍来收藏从梅里达和邻近城市卡塞雷斯周围挖掘出来的文物。1937 年出生的西班牙建筑家拉斐尔·莫尼奥在 1979 年开始设计这座新博物馆，他一定参考了古罗马竞技场的那些通道，通过大幅度挑高半圆拱的设计，给古代的结构换上了现代样貌，从而为我们穿越到古罗马帝国创造了一个高耸的时空隧道。他的设计妙就妙在所有文物都摆放在三层环绕回廊式的展厅里，那些我从未见过的巨幅镶嵌画就贴在墙壁上。原本五六层的楼房变成了只有三层的展厅（另有地下一层）。如果站在一层，就显得我们在伟大的古罗马面前是沧海之一粟。

▲梅里达古罗马竞技场通道

▲梅里达国家罗马艺术博物馆一层展厅

▲梅里达国家罗马艺术博物馆展厅内景（一）

▲梅里达国家罗马艺术博物馆展厅内景（二）

一层展出的主要是雕塑，除了克瑞斯女神之外，还有1913年从古罗马剧场出土的希腊神话中的治愈之神塞拉匹斯等几百件雕塑，非常遗憾的是多有残缺，但数量如此之多，令人目不暇接。在巴黎卢浮宫、罗马卡比托利欧博物馆、那不勒斯国家考古博物馆、佛罗伦萨乌菲齐画廊、伦敦大英博物馆看到的从公元前3至2世纪到公元2世纪前后的维纳斯的雕塑，除了断臂之外，大多是完整的。梅里达的维纳斯雕塑却头部、双臂和双脚全无，殊为可惜。

▲1913年从梅里达古罗马剧场出土塞拉匹斯雕像时的工作照

▲梅里达国家罗马艺术博物馆展出的从古罗马剧场出土的塞拉匹斯雕像

令人惊艳的还有众多头像和墓碑的雕塑，但最令我震撼的还是镶嵌画。有些画的尺寸大到令人感到不可思议的程度，长或宽度足有十几米，从一层看需要仰视，从三层看需要俯瞰，很难用相机拍得完整。这些镶嵌画原来都铺在我们开车路过的巴罗斯自由镇等的古罗马住宅和别墅地面，经考古人员分块剥离之后，再在博物馆的墙壁上重新拼装而成。十几幅庞大的镶嵌画蔚为壮观，任何网页或者画册上的图片，都不会有如此能将人电晕一般的冲击力。

▲梅里达国家罗马艺术博物馆里的巨幅镶嵌画（一）

▲梅里达国家罗马艺术博物馆里的巨幅镶嵌画（二）

在博物馆里停留了将近四个小时，直到听到肚子里发出的肠鸣音，我才知道该吃饭了，然而还有几个展柜没有细看，只能依依不舍地离开。

▲梅里达国家罗马艺术博物馆里
的巨幅镶嵌画（三）

▲梅里达国家罗马艺术博物馆展出的梅里
达雅典娜神殿的科林斯柱式的立柱

梅里达的米拉格罗斯渡槽（又名奇迹输水道）是另一个壮观的古罗马遗迹。我们去的时候，太阳即将落山，夕阳穿过拱形的槽洞，投射在碧绿的草地上，很像冬至前后颐和园十七孔桥的金光穿洞。坐在长椅上闭上眼睛，只觉得风在微微地吹着，睁开眼，看见的是湛蓝的天空与薄云，一只类似鹭鸶的鸟儿在渡槽的顶部念天地之悠悠。这是梅里达的渡槽夕照，尽是"独立亭亭意愈闲"的自在与逍遥。

　　卡塞雷斯与梅里达建城的时间相仿，虽然没有古罗马剧场、竞技场、神殿和渡槽之类的标志性建筑，却比梅里达提早七年成为世界文化遗产。1986年其获批的名称是"卡塞雷斯古城"，获批理由是整座古城没有受到任何现代和当代建筑的破坏，完美地将各个时期古罗马、伊斯兰、哥特式和文艺复兴风格的建筑融合在了一起。

▲梅里达的米拉格罗斯渡槽

在游客中心的外墙上，张贴着一张彩图，标注了这座城市九十八座古建筑的位置和名称。按图索骥肯定是徒劳的，于是我们决定挑出几个重点参观，其余的在途中能看则看。最后我做了统计，我们共计看了六十五座建筑。凡是归于世界文化遗产建筑名册里的建筑，墙上都镶有透明的亚克力板，上面用西班牙语介绍了其年代、名称和背景，让人一目了然。

▲卡塞雷斯游客中心外墙上标注的九十八座古建筑的位置和名称

▲卡塞雷斯古城的墙上，到处都是标有建筑简介的透明亚克力板，例如此处是建于1614年的圣克拉拉修道院

卡塞雷斯是电视剧《权力的游戏》的取景地，这里有极其丰富的可供拍摄的素材。古罗马帝国时期，公元 1 世纪，人们在将近一千二百米长的城墙上修建了基督门；摩尔人在 12 世纪兴建了地下蓄水池以及布哈科塔等三十余座防御用的塔楼；13 世纪基督教徒盖起了晚期哥特式的卡塞雷斯大教堂；15 和 16 世纪的文艺复兴时期，人们又兴建了诸如圣巴勃罗女修道院等的教堂、修道院、宫殿、别墅和住宅。九万多平方米的城区里，各式建筑鳞次栉比，谱写了一首别致而生动无比的交响组曲。

▲卡塞雷斯于公元 1 世纪修建的基督门

▲摩尔人 12 世纪修建的布哈科塔

▲摩尔人 12 世纪修建的地下蓄水池

▲15世纪兴建的卡塞雷斯圣巴勃罗女修道院

▲在卡塞雷斯圣弗朗西斯科哈维尔教堂登塔途中俯瞰卡塞雷斯老城

我们参观的卡塞雷斯博物馆是在摩尔人的建筑地基上翻盖而成的，其下方就是摩尔人建于 12 世纪的蓄水池。虽然藏品数量远远不及梅里达的国家罗马艺术博物馆，却有距今最远的旧石器和新石器时代的石刻，还有在附近出土的众多公元 1 世纪前后的文物。可惜由于内部维修，将近三分之一的展馆暂时关闭。

▲卡塞雷斯博物馆

傍晚时分，我先于我的太太和王梓向坡度很大的下坡走去，看到一座不起眼的门口挂着优素福·阿尔伯奇阿拉伯博物馆牌匾的建筑，就问门口售票的男士是否可以参观，他说再过十分钟就关门。于是，我马上就给王梓打电话让他们赶紧过来。

男士向我们介绍说，当时五十岁的卡塞雷斯人唐·何塞·德拉·托雷·让蒂尔在 20 世纪 60 年代买下了二层小楼用于居住。装修的时候，让蒂尔发现地下有一个向浴室供热的地热系统。在询问了专业人士之后，他得知这是一栋建于 12 世纪的摩尔人的房屋，便感到十分好奇。经过一段时间的思考，他决定将这栋房屋改建成为呈现阿拉伯文化的博物馆。

让蒂尔开始系统地学习与阿拉伯文化相关的哲学、文学、法律和西班牙穆斯林艺术等，目的是去阿拉伯国家寻找和收购相应的物品，用来作为博物馆的展品。使他受益最深的是在伊拉克的经历。伊拉克国家博物馆的馆长得知他的来意，便无私地向他传授了够其受用一生的阿拉伯文化知识。经过十五年的积累，这个项目终于大功告成。让蒂尔用自己姓名的阿拉伯语的音译，将博物馆命名为优素福·阿尔伯奇阿拉伯博物馆。

那位男士应该是让蒂尔的后代，他建议我们先去地下室看摩尔人的地热系统。地下很潮湿，通过图片，我们看到了聪明的摩尔人利用水加热和热循环的原理，在中世纪欧洲人中断了古罗马人喜好温泉浴的习惯之后，让洗浴再度在西班牙（而不是欧洲大陆）流行起来的实物例证。

▲卡塞雷斯优素福·阿尔伯奇阿拉伯博物馆地下室地热系统的原理图

在这个袖珍却琳琅满目的博物馆里，我们有些不知所措起来。因为在那几天里，古罗马、伊斯兰教和基督教的文化总是在我们的视线中以巨大的幅度变化着。本来在卡塞雷斯的文艺复兴风格建筑里流连忘返，突然就又陷入了阿拉伯文化的旋涡之中，恍惚之间，竟产生了某种不适应的感觉。

▲卡塞雷斯优素福·阿尔伯奇阿拉伯博物馆从前厅进入内室的入口

▲卡塞雷斯优素福·阿尔伯奇阿拉伯博物馆内景

我们是酷爱美食的旅行者，而西班牙是又一个可以满足我们愿望的理想国。卡塞雷斯的博罗纳－比斯特罗是一家米其林推荐餐厅，其前菜和主菜都相当另类，估计是距此不远的米其林三星餐厅阿特里奥的副牌，或者说是后者在正式公布菜单之前推出的测试版。有一道前菜是烤大葱，配以奶油酱汁和油炸火腿丁，朴实无华的清淡味道的菜品作为前菜并没有错，但其通体洁白的外观至少看上去并不能让人食欲骤起。餐厅母体的阿特里奥餐厅的主厨托尼奥·佩雷斯就善于做稀奇古怪的菜品，例如用橄榄油煮鸡蛋，配以当地特产的野生蘑菇和芦笋，再在上面撒上当地挖出来的嫩松露。这也是不按常理出牌的一套打法。

梅里达并不以美食著称，但我们在这里开了一个满是惊喜的大盲盒。胆量餐厅主厨安东尼奥·路易斯·法尔孔虽然也主张打破陈规，但他以独到的思路和惊人的胆识，用极富创意的搭配掀起了口感的波澜。每一道菜都十分顽皮，甚至顽皮到可爱，更以令人口服心服的味道，让食客有了在梅里达这座古罗马小城中的难忘体验。

第一次去的时候，我们点了青苹果浓汁，其中切碎了的小葱叶、黑色的炸海藻片和杜果肉的组合，一开始让我们摸不着头脑，但我们舀了第一勺之后，就欲罢不能，纷纷称赞这简直是一道神品。我们本以为喷火枪炙扇贝只是简单地加了一层奶油，却发现厨师在里面放了不知其名的应该是阿拉伯的香料。那种只可意会不可言传的美味，堪称神来之笔。生腌南美海鱼配南瓜酱、白洋葱、炸玉米粒和香菜，酸

▲在胆量餐厅的第一餐

231

酸的，很容易让我们想起秘鲁菜，是典型的南美风情。甜品的柠檬蛋糕更令人叫绝，不很甜的蛋糕里的柠檬香气虽然恬淡，却能绕梁三日，足见甜点师的功力。

　　第三天的早餐我们吃得很少，就是为了在午餐时能再去这家餐厅大快朵颐。炭烤生菜沙拉、烤章鱼配蛋黄酱、炸制的黑色鱼皮、金丝炸大虾和炸鱼饼配芝麻菜，惊喜连连，每一道都是敢吃却不敢想的做法。尤其是金丝炸大虾，看着脆香，尝起来金丝却并没有喧宾夺主。虾肉是被柠檬汁泡过的，怪不得没被金丝抢了先机。

　　建筑是凝固的艺术，创意是烹饪的归宿。梅里达和卡塞雷斯的建筑从古罗马、伊斯兰、哥特式到文艺复兴风格的演变过程，是地理与历史的完美融合。建筑可以使我们触景生情，美食也能激发我们的感动，当创造力以不同的方式表现出来的时候，我们得到了视觉、味觉和嗅觉三种感官的享受，这就够了。

▲在胆量餐厅的第二餐

17 塞维利亚

没见过塞维利亚的人，就没见过奇观

　　阿拉伯的历史学家说中世纪的科尔多瓦是世界的瑰宝，塞维利亚人说他们生活在地球上最漂亮的城市中。与本篇小标题的安达卢西亚谚语一样，这些说法都是对的。

　　1010 至 1013 年，距离塞维利亚东北一百四十多千米的麦地那·阿沙哈拉宫被善于内斗的摩尔人自行摧毁，科尔多瓦从此合上了它在欧洲中世纪历史上最绚烂也最璀璨的画卷。西班牙的哈里发王朝开始分裂，许多独立的小国应运而生。1163 年，以摩洛哥为中心的阿尔摩拉维德王朝建立了横跨北非和安达卢西亚的庞大帝国。安达卢西亚的各个小国统一之后，塞维利亚成为帝国在欧洲部分的首都，通过新建和扩建一大批宏伟而又辉煌的建筑成为摩尔人在西班牙的第二个文化中心。

　　收复失地运动中，费尔南多三世在 13 世纪中叶相继夺回乌贝达、巴埃萨、哈恩和科尔多瓦，1248 年又收回了塞维利亚。与伊斯兰教徒的做法一样，通过外交手段取胜的基督教徒非但没有破坏摩尔人原有的城市结构和众多建筑，反而对其进行了大量保护。一些建筑进行了部分重建，例如塞维利亚主教座堂宣礼塔的吉拉达最顶部加盖了文艺复兴风格的钟楼。这一改变并没有遮掩住原有风格的光芒，现在它已成为西班牙最美丽也最具标志性的伊斯兰风格塔楼。

▲收复失地运动后，基督教徒在伊斯兰风格的宣礼塔上加盖了钟楼

现在的主教座堂完成于 16 世纪，是在建于 12 世纪、规模堪比科尔多瓦大清真寺的建筑之上兴建的。原来的带有十七个中殿和五个圆顶的清真寺在 1356 年 8 月 24 日的强烈地震中受到了严重损坏，在改朝换代的当时，人们不可能再去对另一种宗教建筑进行全面的修复。好在于 1198 年完工的用以居高临下召唤信徒做礼拜的宣礼塔主体完

好无损，只是塔顶四个圆形球体的亚穆尔被震落。与欧洲绝大多数教堂的钟楼不同，塞维利亚的宣礼塔（钟楼）没有旋转而上的木质楼梯或石头台阶。正方形塔自下而上的单边长度从十四米逐渐缩小到七米，内部通过东南西北四个朝向的坡道连接。这是我们攀登过的塔楼中使我们感到最轻松的一个。当看到坡道上方"35"的字样时，便进入了西班牙大钟数量最多的钟楼。

登塔之前，仔细看钟楼以下的部分，会惊叹于 12 世纪的工匠们除了雕刻之外，在砖砌造型方面也同样具备了精湛的技艺。一系列拱门呈交错状，或呈双扇开口状，或呈多叶马蹄形。那些十分对称的盲拱、花边和浮雕，构成了伊斯兰教建筑装饰中最具美感的图案。

主教座堂拥有世界上最大的主祭坛，然而两扇又高又密的铁栅栏大门总是关着，因此拍不出壮观的全景。教堂里环绕着八十个小礼拜堂，即使按照导览图有条不紊地顺时针或者逆时针前行也容易遗漏，因为看那些祭坛或者长时间盯着穆立罗的绘画（例如圣安东尼奥礼拜堂里的《帕多瓦圣安东尼的幻象》）很容易使人分心，转着转着就会迷路。从宣礼塔（钟楼）下来之后，我看了看手里的导览图，跟王梓说还有圣器收

▲塞维利亚主教座堂分堂的椭圆形穹顶

235

藏室和议事厅没有看，就沿着一条弯曲的柱廊前去。议事厅的游客极少，因为大多数人都会忽视或者找不到这里。如果你不认可宣礼塔（钟楼）上的伊斯兰教风格纹饰的美丽，看了议事厅之后也不感觉壮阔，那这个世界上就不存在能让你动魄的场景了。

议事厅是主教们开会的场所，从 16 世纪中叶开始兴建，上下都是椭圆形。这是西班牙空前的文艺复兴式设计，是一个伟大构想的第一次伟大实施。这种形状很利于扩声，因此空间虽然高耸空旷，但在讨论教堂内部事务的时候坐在椭圆形空间里的任何一个座位上都能清晰地听到来自任何一个角度的声音。委拉斯凯兹的岳父弗朗西斯科·帕切科对内部进行了精心布局，上方的立柱之间采用了浮雕装饰。在意大利锡耶纳的九人议会房间，洛伦泽蒂用《好政府和坏政府的寓言》的湿壁画对管理城市的九人议会成员进行着善与恶的提醒。这座议事厅的浮雕也具有同样的寓意，只要在座位上抬头，就一定会看到代表正义、信仰、希望、仁慈和怜悯的浮雕，这是向主教们终其一生都应该铭记的五种美德。在底部包墙的红色天鹅绒上，有一把于 1592 年制作的红木雕刻扶手椅，它的顶端，是穆立罗于 1667 年绘制的木版油画《圣母无染原罪》。从望远镜里看到的圣母玛利亚有着最美丽和最精致的五官以及最优雅和最得体的姿态，低垂的目光仿若恩赐，合十的双手又代表祈愿，给议事厅增加了天堂感的甜美气息。塞维利亚主教座堂里挂了八百三十三幅有价值的画，如果只让我带一幅画作去荒岛，我一定首选这幅穆立罗的作品。

我们在老年神父医院的关注点是委拉斯凯兹中心，这是为了让人们对塞维利亚画派发源地给予更多关注而由塞维利亚焦点基金会出资设立的一个机构。出生于塞维利亚的委拉斯凯兹、穆立罗和少年时期来到塞维利亚的苏巴朗在17世纪绘制的巴洛克风格的绘画，以冲击力强的构图、精湛的技法、诱人的色彩和明暗的对比，引领了17世纪中叶世界美术的潮流，他们被公认为塞维利亚画派的三位代表人物。然而18世纪之后，塞维利亚的经济严重衰退，西班牙的艺术中心转向了马德里，这一画派很少再被提及。

▲塞维利亚主教座堂议事厅里的穆立罗《圣母无染原罪》和16世纪的红木雕刻扶手椅

▲塞维利亚主教座堂议事厅里的穆立罗《圣母无染原罪》

　　一百多年以前，穆立罗在三位代表人物中的名气最大。17世纪60年代，欧洲美术界对穆立罗给予了极高的评价。18世纪的英国画家尤其受穆立罗画风的诸多影响，对其推崇备至。英国美术界认为穆立罗的作品是西班牙绘画艺术的顶峰，更是洛可可绘画风格毋庸置疑的先驱者。英国艺术批评家罗伯特·卡明在《艺术》一书里说："大约在1900年之前，穆立罗一直被认为是一位可以与拉斐尔齐名、比委拉斯凯兹更杰出的画家，现在人们觉得这样的评价低估了委拉斯凯兹。"委拉斯凯兹尽管存世的画作并不很多，但随着渐次披露，他的名声得到了显著提升。如今的美术界将委拉斯凯兹称为17世纪西班牙最伟大的画家，因此在老年神父医院成立的中心，自然而然地以委拉斯凯兹的名字命名。这种做法的目的是通过委拉斯凯兹现在的名气，来提升塞维利亚画派在世界美术史上的地位。穆立罗虽然从20世纪80年代开始被美术界重新认识，但依然屈居委拉斯凯兹之后。

我们进去的时候，橘子树小院里静得出奇，没有一个游客，相当于我们三个人包场了。存包之后，跟随给我们开锁的售票处的女士前往委拉斯凯兹中心的展室。面积不大的长方形房间，目前只有三幅委拉斯凯兹、一幅穆立罗与两幅苏巴朗以及其他塞维利亚画派画家共计十三幅油画。其中最醒目的是委拉斯凯兹离开塞维利亚之后于1629至1632年间在马德里绘制的《圣鲁菲娜》，焦点基金会于2007年7月以一千二百四十万欧元的高价购得了这幅过去一直被认为是穆立罗作品的画作。公元3世纪，在塞维利亚出生的鲁菲娜和姐姐胡斯塔以制作精美的陶器为生，她们都是基督教徒，在一次节日活动中，姐妹俩因拒绝向异教徒提供陶器而被逮捕，先后被折磨致死。委拉斯凯兹画的鲁菲娜右手拿着棕榈叶，这是基督教徒用来表示殉道的物品。委拉斯凯兹将棕榈叶画得很长，表达对这位圣人殉道精神的赞颂。左手拿着的陶器则代表鲁菲娜的职业，没戴头巾的意思是未婚，纯洁的面部表情强调着少女的虔诚。这幅作品画面简洁、色彩朴素，是委拉斯凯兹早期绘画中把握静态人物神态、姿态等的一个很好的佐证。

在美国达拉斯，有一家境外收藏西班牙艺术品的规模最大、藏品最为丰富的梅多斯博物馆，其中有一幅穆立罗于1665年画的《圣鲁菲娜》。两相比较，我还是喜欢穆立罗的作品，因为少女内心的纯真以及性格的坚毅都在隐忍的面部表现出来了，反观委拉斯凯兹画的面部，只有稚嫩而缺少了执着。

▲委拉斯凯兹：《圣鲁菲娜》　　　　▲穆立罗：《圣鲁菲娜》
（塞维利亚委拉斯凯兹中心）　　　　（美国达拉斯梅多斯博物馆）

　　最让我们喜爱的还有老年神父医院里的教堂，没有信仰的我们坐在小小的空间里，眼前的场景格外赏心悦目，可以充分欣赏穹顶素雅的壁画、体验无比静谧的氛围。这里原来挂着一幅穆立罗的《圣母无染原罪》，后来被法国军队士兵掳走，1941 年归还给西班牙之后，被马德里的普拉多博物馆收藏。我们后来在博物馆看到那幅画作的时候，马上就会想起坐在教堂里看着原来挂画位置的时光。

　　想要在塞维利亚尽情欣赏塞维利亚画派的作品，最好的去处就是塞维利亚美术博物馆。我们去看的那天，共计展出了二十六幅穆立罗、两幅委拉斯凯兹和二十二幅苏巴朗的作品。穆立罗还画过一幅《圣胡

斯塔和鲁菲娜》，只不过把胡斯塔和鲁菲娜两姐妹画在了一起。这是
穆立罗受主教座堂委托而绘制的作品，所以他让她们在画中手里捧着
主教座堂宣礼塔（钟楼）的模型。被追封为圣人的鲁菲娜和姐姐胡斯
塔在塞维利亚被认为是城市的守护神，正是由于她们的庇佑，宣礼塔
（钟楼）才在屡次的地震中都安然无恙。她们是保佑这座城市永远没
有灾难的一种象征。

▲塞维利亚老年神父医院
　教堂内景

▲塞维利亚美术博物馆收藏的穆立罗
　《圣胡斯塔和鲁菲娜》

仅从字面上看，雷布里哈伯爵夫人宫不过是一座贵族的宫殿，里面只收藏了一些用于装饰的珍宝或油画等，因为世界各地的宫殿大都如此。然而进去之后，才发现这里的主人岂止是居住，简直就是把自己的住宅建成了微缩的世界美术史博物馆。这栋建筑最早建于15世纪，曾经多次易主，多位伯爵曾住在这里。1901年，从小就酷爱图书并热衷于收藏的雷格拉·曼洪·梅尔吉利娜将其买下。1914年，梅尔吉利娜获得了雷布里哈伯爵夫人的头衔，这座建筑便以此头衔来命名。

　　梅尔吉利娜年轻时就对书籍、考古和古董产生了非凡的热情，甚至达到了崇拜的程度。丈夫早逝，她便在文物收藏中投入了全部精力。搬到塞维利亚新居之后，她用了十三年的时间对内部重新做了调整，以便有足够的空间来放置那些海量的收藏，其中包括古希腊和古罗马考古遗迹中的雕塑、中世纪阿拉伯和波斯的陶瓷制品、文艺复兴和巴洛克时期的绘画、路易十四时期的家具以及中国明清两朝的瓷器等。梅尔吉利娜夏天住在一楼，冬天住在三楼，后来因腿脚不便改住在二楼。除了一楼可以拍照之外，二楼里大量的珍贵收藏例如凡·戴克和彼得·勃鲁盖尔的油画以及无比精美的私人礼拜堂，都禁止拍照。

　　进入一楼，中央庭院里有一幅面积很大的镶嵌画，这是从梅尔吉利娜在八千米之外拥有的古罗马时代意大利人居住的意大利卡的橄榄树种植园里发现的。它被梅尔吉利娜运到这里，拼装之后的面积达到五百八十平方米，被称为欧洲现有宅邸中铺砌最好的镶嵌画。登上二楼，可以从俯瞰的角度看到镶嵌画的全貌。最中间的图案是古希腊神话中掌管牧羊、自然、山林和乡野的牧神潘在吹木笛，所有的画面都描绘着人与大自然的和谐相处的场景，与四周摩尔式拱廊组合在一起，又有了将各个时代的文化有机融合在一起的含义，特别富有生机。

▲雷布里哈伯爵夫人宫一楼地面的巨幅镶嵌画

想要在塞维利亚体验完美混合了哥特式、穆德哈尔式和文艺复兴风格的建筑，参观地点非女主宫莫属；如果要感受最富有的贵族所经历的传奇故事，这里也是最好的参观地点。

女主宫是 15 世纪的建筑，塞维利亚第十八代阿尔巴女公爵卡耶塔娜在这里结婚，并将其作为来塞维利亚时的住所。这里陈列了阿尔巴家族历代收集的大量价值

▲女主宫的庭院

连城的文物，堪称万花筒般的庄园。但卡耶塔娜在世时，只接待类似美国第一夫人杰奎琳·肯尼迪、摩纳哥王子、希腊国王和王后等的达官显贵。直到第十九代阿尔巴公爵在2016年决定向普通民众开放庄园，我们才得以看到真实的贵族生活。

这里五彩斑斓的收藏难以用一言蔽之，仅公元前1世纪前后的古罗马雕像和大量古罗马时代的钱币就足以彰显藏品的价值连城。诸如完美继承了卡拉瓦乔风格的出生于意大利的里贝拉的《荆棘加冕》等画作，在我们看来已经是博物馆级别的藏品，却只是阿尔巴家族收藏的一小部分。佩鲁吉诺、提香、格列柯、戈雅、穆立罗、苏巴朗、伦勃朗、鲁本斯、安格尔和库尔贝等画家的大量油画和其他众多收藏，都放在阿尔巴家族在马德里的住宅利里亚宫。

▲女主宫内的吉卜赛沙龙〔一〕

▲女主宫内的吉卜赛沙龙（二）

第十八代女公爵拥有世界上最多的贵族头衔，她的婚姻与这座华丽的宫殿一样绚烂多姿，也和她喜欢的弗拉明戈舞一样即兴奔放。1947年，她在这里举办了当时世界上最昂贵的婚礼；1978年嫁给比

▲女主宫内摆放的卡耶塔娜与第一任丈夫于1947年婚礼的合影

她小十一岁的私生子神学博士；2008年执意要与小她二十五岁的普通公务员结为伉俪，遭到她的儿女以及西班牙国王卡洛斯一世的强烈反对；2011年，在新郎承诺不会继承她三十五亿欧元财产的前提下，八十五岁的女公爵终于与六十岁的公务员在这座宫殿举办了婚礼，三年之后她在这里撒手人寰。

女主宫里里贝拉的《荆棘加冕》，画的是罗马帝国犹太行省的士兵给耶稣戴上了用荆棘编织的王冠，以讽刺耶稣是犹太人的君王。在女主宫，那些数不胜数的藏品已经使我审美疲劳，但住在这里的女贵族让我看到了另一种意味的谐谑。如果说塞维利亚的西班牙广场、王宫、都市阳伞、列为世界文化遗产的西印度群岛综合档案馆以及异彩纷呈的街道是一道道亮丽的风景，那么卡耶塔娜女公爵用有钱人的任性告诉我们，塞维利亚还有另一种奇观。

▲塞维利亚女主宫展出的里贝拉《荆棘加冕》

▲塞维利亚西班牙广场

▲塞维利亚王宫内景（一）

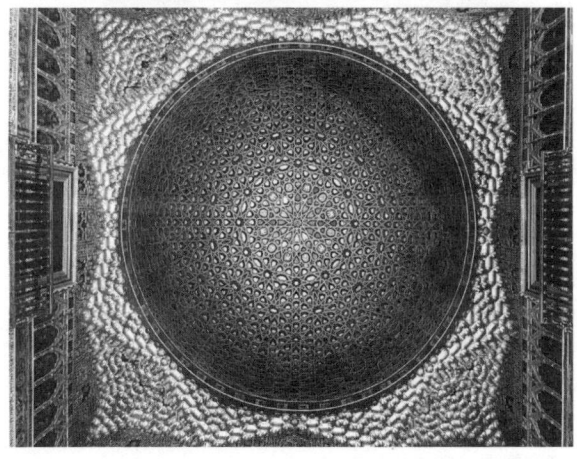

▲塞维利亚王宫内景（二）

▲塞维利亚西印度群岛综合档案馆

▲塞维利亚街景

我们对有将近四百五十年历史的圣宝拉修道院有着浓厚的兴趣，除了想看结合了哥特式、穆德哈尔式和文艺复兴式风格的教堂与内廊之外，还想买修女们制作的塞维利亚橘子酱。我们按照网站上提示的开门时间前往，但到了发现这里偏偏锁着门。王梓按了门铃，出来一位只会说西班牙语的修女，因为完全不能与她交流，我们只能遗憾离去。

▲圣宝拉修道院的修女

既然空出了时间，我们决定先去喝咖啡，再去一家咖啡豆的烘焙店。阿方索十三世酒店是一家于1929年开业的接待参加伊比利亚美洲博览会的国家政要入住的豪华酒店，大堂和咖啡厅里有并不夸张的摩尔式风格内饰。甜品八欧元的价格实在亲民，而且闪电泡芙做得太好了。想一想当时阿方索十三世国王

▲阿方索十三世酒店的咖啡厅

吃的甜品也不过如此，我马上就忘了没买到圣宝拉修道院修女制作的橘子酱的沮丧情绪。

阿方索街上的渔夫是一家于 2016 年开业的咖啡豆烘焙店，除了根据客人的要求现场烘焙之外，还出售刚烘焙好的哥伦比亚、巴西、尼加拉瓜、洪都拉斯、萨尔瓦多、墨西哥、埃塞俄比亚和肯尼亚等拉美与非洲的咖啡豆。一进门，就看到一堆麻袋之间放置的一台荷兰产吉森品牌的烘焙机。店内装修得非常简洁，完全没有花里胡哨的装饰。一位本地老主顾正在与店主交流，虽然说的是西班牙语，但能听到洪都拉斯和尼加拉瓜这两个单词，估计是老主顾想要换几个品种试试。回国之后，我马上开了一袋来自蕙兰产区海拔一千六百米的埃尔·德斯坎索农场的哥伦比亚瑰夏，无论是静置还是手磨，都飘出浓浓的柑橘和百香果的香气，而且有着绵长的余韵。配上从托莱多圣多明各女修道院买回来的老修女手工制作的糕点，坐在窗前，看自家小院里的绣线菊和铁线莲开得如喷泉的花，只觉自得其乐、岁月静好，但思绪却又飘向了塞维利亚。

▲渔夫咖啡豆烘焙店

帕拉丁1790既是一家画廊，也是一家古董收购和销售商，店铺里有16至20世纪各个时期的绘画、雕刻、青铜器、瓷器、银器、灯具、书籍、珠宝以及大量细小的装饰品。路过之后进去看看，果然很开眼。当店员跟我们说现在是家族第九代传人在经营，其古董曾经销售给西班牙皇室、西班牙银行和普拉多博物馆等时，我们大吃一惊。

▲帕拉丁1790古董店

自由行最大的好处，就是可以随时更改或者调整行程。我们原计划不看斗牛，因为这项运动虽谈不上血腥，但场面过于残酷。然而有一天，我们三个人鬼使神差地决定取消晚上预订的餐厅，临时起意去买当晚的斗牛门票。结果，我们歪打正着地在塞维利亚斗牛场见证了一个难得的荣誉时刻。

斗牛分上下两个半场进行，三位斗牛士轮流出场，每个人要在六名助手的配合之下刺激并最后刺死两头公牛。1983年出生的斗牛士米格尔·安格尔·佩雷拉在两次出场中都做出了令人惊呼的表演，赢得全场雷鸣般的掌声和欢呼声。评委在上半场割下一只牛耳之后，下半场又割下两只牛耳，作为对佩雷拉的奖赏。在两场斗牛之后，如果斗牛士获得了三只以上的牛耳，斗牛场就要为斗牛士打开王子之门。接着，斗牛士会被人们抬出王子之

▲斗牛士佩雷拉在下半场获得两只牛耳之后在场内向观众展示

门，接受大家的祝贺。我们没有观看经验，当时对当佩雷拉绕场一周的时候就有很多观众急匆匆地离开感到十分诧异，后来才知道，原来

▲佩雷拉被抬出塞维利亚斗牛场的王子之门

他们是去王子之门的门外迎接当晚的英雄凯旋。

佩雷拉曾经六次从西班牙最大的马德里拉斯本斯塔斗牛场被抬出，而当晚，这位 2004 年开始职业生涯的斗牛士第一次被抬出了塞维利亚的斗牛场。我们是不看则已，一看就看到了如此的高光时刻，殊为难得。

1875 年在女主宫出生的西班牙著名诗人安东尼奥·马查多在《肖像》一诗中写道："我的童年是对塞维利亚一个院落和一个明亮果园的记忆。"尽管写这本书的时候，我已离开塞维利亚八个多月，但所有美好的记忆，依然萦绕在脑海之中。每一次打开移动硬盘的时候我都会问自己：为什么在放置塞维利亚之旅照片的文件夹里，那么多照片都变成了斑斓的明信片？

18 马德里
仅仅是博物馆，就可以看六七天

1492 年 1 月，伊莎贝拉一世和费尔南多二世收复了摩尔人在西班牙的最后一个王国格拉纳达。腾出精力之后，同意了哥伦布远航的请求并给予了其相应的资金支持。1492 年 8 月，哥伦布带领小规模船队横跨大西洋，发现了美洲大陆，开启了扭转世界历史命运的大航海时代。约翰·克罗在《西班牙的灵魂：一个文明的哀伤与荣光》中写道："它改变且拓宽了整个人类的思维，有行动力和进取心的人取代了出身高贵的王公贵族，成为行动和思想的领袖。"此后，哥伦布又进行了三次远航，其中 1493 年规模最大的第二次和 1502 年第四次出发的港口，就是位于西班牙西南部加的斯市的圣玛利亚港。

我们去圣玛利亚港不是为了纪念哥伦布，而是为了去一家米其林三星餐厅——阿波尼恩特餐厅。王梓的假期即将结束，要从塞维利亚飞回伦敦，而太太和我的行程是去葡萄牙的里斯本和波尔多，再返回西班牙，继续探索马德里及其周边城镇的深厚底蕴。因此我们决定用别具匠心、有仪式感的一餐，来结束我们第二次西班牙文化之旅的美妙三重奏。

阿波尼恩特餐厅只烹饪海鲜，不做猪、牛、羊之类的红肉，这种在全世界都是凤毛麟角的特色最适合我这种海鲜控的胃口。主厨安吉尔·莱昂的理念是关注海洋，他十分注重可持续发展，通过发现人类未知的浮游生物、减少捕捞、寻找被人类不屑一顾甚至丢弃的海鲜，来开启着眼于环保和最有效利用蓝色大海的美食航程。哥伦布的大航海是地理大发现，安吉尔·莱昂则重新定义了美食的概念，通过自己和厨师团队精心研发的菜品与甜品，来让我们对无限而又神秘的海洋重新做一次全方位的思考，而不仅局限于每吃完一道菜都只会夸赞："嗯，好吃！"

餐厅就在圣玛利亚港火车东站的对面，我们提前十分钟来到门口，如果不是看到路边竖着一块印有"Aponiente"字样的生锈铁牌，都以为自己找错了地方。面前的单层建筑很像废弃的仓库或厂房，三角形房梁下方只剩下铁桁架，墙皮早已脱落，露出方形石块和红砖。下午1点钟，一男一女两位领位员准时打开两扇铁门后，我们才发现这里原来是"败絮其外，金玉其中"。

▲阿波尼恩特餐厅外景

原来这是一座 18 世纪利用涨潮的海水来推动磨盘的潮汐磨坊，安吉尔·莱昂将其内部打造成厨房和餐厅，让食客在尚未品尝海鲜之前，先在视觉上大吃一惊。领位员不是直接引领我们到餐厅，而是让我们坐在类似厢房的房间里的沙发上。他先为我们倒上香槟酒，然后端来用薄薄的海鲈鱼皮包裹着黄瓜和辣椒的长卷，其上摆的是莳萝和迷迭香，放在不锈钢的鱼骨架上。这第一道餐前小食，就让我们与主厨一起进行第一次思索：鱼肉呢？这道小食的意思是，如果我们以为海洋无限大而不采取诸如禁渔期之类的保护措施，总有一天，我们会面临一种又一种生物灭绝的情况。

第三道小食可以用"言简意赅"来形容，是根据当地传统做法做成的小虾鸡蛋饼。蜂窝状的小虾泥鸡蛋饼上放了几个小虾和豌豆泥，再撒上从小虾中提炼出来的虾粉。鲜、香、脆是肯定的。这道小食的含义是除了可持续发展，我们还要秉持可循环利用的理念。

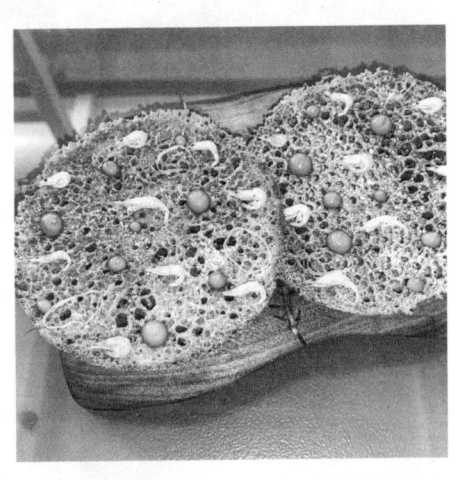

▲阿波尼恩特餐厅的第三道餐前小食

在沙发上品尝了三道小食后，领位员带我们去餐厅就座。一看表，在边吃边想的氛围里，不知不觉地就过去了半个小时。

进入餐厅时要经过一段甬道，可以看到海滩上从退潮之后的沙泥里爬出了众多蟹钳稍长的小螃蟹。为什么特意设计了这种场景呢？原来，这是当地的一种招财蟹。这种蟹钳稍长的小螃蟹是典型的机会主义者，它们先将一大块沉积物夹进嘴里，但并不直接咽下，而是经过口腔摄取其中的有机物之后，再将对自己成长没有多大益处的藻类和微生物吐出来。它们吐出来的碎屑又成了其他海洋生物的食物，可以说，它们每天都扮演生态系统工程师的角色。

▲阿波尼恩特餐厅的厨房和就餐区

招财蟹还可以用来做酒。安吉尔·莱昂与蒸馏酒大师卡尔斯·邦宁合作，邦宁使用有着三千多年历史的传统手工蒸馏手法，在原料中加入招财蟹壳，做成了定制款招财蟹白兰地。店员告诉我们，吃油炸和煮后现剥的两种蟹钳肉，要佐以用黄油、金枪鱼骨渣奶油、白葡萄酒、

▲阿波尼恩特餐厅的招财蟹蟹肉与定制款招财蟹白兰地

青葱、鲣鱼干、焦糖和香草做的褐色酱汁以及招财蟹白兰地，至于感觉如何，完全要靠客人自己体验。我清楚地记得当时自己的联想——我想到了激活出伊莎贝拉一世征服格拉纳达的那种霸气：天下无敌，舍我其谁。

安吉尔·莱昂和他的厨师们精雕细琢出来的海鲜，无论是海参、海胆、乌贼、花螺、红鲻鱼、蓝鳍金枪鱼还是当地的鹅颈藤壶，都是

▲阿波尼恩特餐厅的海鲜菜品（一）

经过深思熟虑的创意总汇，例如用提炼的海水做酱汁，简直是把创意发挥到了极点的做法，从中可以看出主厨与其团队的集思广益与孜孜以求。这些菜品是无数启发和灵感交汇的产物。作为一个米其林三星餐厅的主厨，为了持续维持已有的荣誉发挥出这样的创意，委实不易。

甜品在阿波尼恩特餐厅被称为"海里的甜味"，用乌鱼、生蚝、海藻和海苔等做成的甜品，是这个海鲜专营餐厅的一大特色。最动人的场景是在用海藻做成的冰镇的白巧克力之上将鲣鱼干擦成木鱼花，那木鱼花一落下，马上就变成了干糖浆。

▲阿波尼恩特餐厅的海鲜菜品（二）

包含三道餐前小食、十道菜品和五道甜品的午餐，是西班牙美食在纯海鲜领域的一种极致体现。安吉尔·莱昂主厨领衔的阿波尼恩特餐厅在2023年和2024年的世界最佳餐厅评选中分别名列第六十四和第七十二位，他们马上又要推出 2025 年的新菜单，希望 2025 年仍然能够留在百强名单之内甚至更进一步。无边无际的海洋给了勇于创新的人们无限的可能性，若要一种文化长盛不衰，除了前卫，还需要不断涌现出哥伦布式的革命。

一提起马德里，人们首先想到的一定是普拉多博物馆，而不是一个值得纪念的人——费利佩二世（又译腓力二世）。1556 年，他二十九岁，从宣布退位的父亲查理五世那里继承了王位。那一年他雄心勃勃，认定自己就是国家命运的伟大推手，却在父亲的阴影之下难有作为。五年之后的 1561 年，他宣布将首都从托莱多迁往马德里。他虽然性格固执，却不喜欢固守，总觉得在积淀了浓厚历史的托莱多只能墨守成规，而在马德里这个荒凉、没有悠久历史传统的小镇可以自由发挥。虽然巴塞罗那和毕尔巴鄂等城市都有成为首都的良好条件，但他执意要在西班牙版图最中心的马德里建都。如果没有费利佩二世，也许这个地方永远都名不见经传，更没有机会登上大雅之堂。作为首都，马德里直到 2021 年才以"拥有普拉多大道和丽池公园，艺术与科学的景观之地"的名义列入世界文化遗产名录。其中的主要建筑，始建于 18 世纪。

如果要在马德里看中世纪的西班牙，只能去 1819 年开馆的普拉多博物馆。在西班牙曾经的首都塞哥维亚郊外的马德鲁埃洛小镇山坡上，有一处建于 1125 年的韦拉克鲁斯隐修院。由于当地要建造一座水库，隐修院后殿里的湿壁画岌岌可危。西班牙政府于 1929 年买下了这些湿壁画，于 1949 年采用斯特拉波移除法将所有的湿壁画整体剥离了出来。此后，普拉多博物馆按照隐修院后殿的构造和布局仿建了一个房间，将那些湿壁画重新粘接到房间墙壁上。这个房间就是现在的 51C 展厅。

这些湿壁画描绘的是伊甸园的场景。虽然画师做了最大的努力，但限于中世纪传承到他手里的就是那种没有透视法的画法，现在我们只能以历史而非艺术的角度对这一作品加以审视。

▲塞哥维亚郊外的韦拉克鲁斯隐修院

▲普拉多博物馆 51C 展厅里整体剥离过来的来自韦拉克鲁斯隐修院的壁画
（博物馆内禁止拍照，图片来自网络）

我记得 2013 年去伦敦国家美术馆时，所有的展厅都严禁拍照，但一年之后禁令就小范围地解除了。我 2023 年再去的时候，想要拍某些画作的局部，就成了随心所欲的事情。而普拉多博物馆则像费利佩二世一样执拗，直到现在仍然有馆员在各个展厅来回穿梭，制止游客拍照，这在世界主要公立的大型美术馆里，实属罕见。本来我想拍韦拉克鲁斯隐修院的湿壁画上抹大拉的玛利亚在耶稣脚上涂油的细节，因为这是对罪孽进行赦免的暗示，但尽管展厅里没有馆员，我还是严格地遵守着规定没有拍照。实际上，我内心对这种规定有相当大的抵触情绪。

看着展厅里的湿壁画，我想起了 2019 年的巴塞罗那的加泰罗尼亚国家艺术博物馆。在游客极少的中世纪展区里，也有几处与普拉多博物馆同样形制的展厅。墙壁上是来自陶尔小镇圣克莱门特教堂后殿里的湿壁画，画于 1123 年，比塞哥维亚郊外隐修院里的早完成两年，

▲巴塞罗那加泰罗尼亚国家艺术博物馆里复现的陶尔小镇圣克莱门特教堂的湿壁画

二者却具有同等重要的历史意义。为了对小教堂里的湿壁画进行更好的保护，1919 至 1923 年间，人们将湿壁画剥离，此后在加泰罗尼亚国家艺术博物馆里对其进行了复原。这些北部比利牛斯山区乡镇教堂里的壁画，与塞哥维亚郊外隐修院里的相比，具有更强烈的色彩效果。画师使用了从赤铁矿中提取的颜料，由于呈现出的效果与意大利教堂的某些湿壁画相似，可以推测某些颜料很有可能来自意大利，或者画师曾在意大利画过同样的湿壁画。

我们在几天内去了三次普拉多博物馆，看到了塞维利亚画派的众多画作，包括四十八幅委拉斯凯兹、二十二幅穆立罗、二十一幅苏巴朗以及我喜欢的里贝拉的三十五幅作品，可谓大饱眼福。我还超爱去过两次的提森·博内米萨博物馆，因为馆内有八个世纪的藏品，比普拉多博物馆大多来自王室收藏的藏品时间范围更广，也更为丰富。而且，发生在这里的传奇也极富刺激性，让人心潮澎湃，就像看画导致的心悸一样。这里的画作过去是提森·博内米萨男爵和其父亲的收藏，原来放置在瑞士的时候，德国、英国、法国、

▲提森·博内米萨博物馆收藏的卡拉瓦乔
《圣凯瑟琳》

美国和日本就对其觊觎已久，希望将其转移到自己的国家永久展出。男爵迎娶了1961年成为西班牙小姐卡门·塞尔维拉（前文提到的马拉加的卡门·提森博物馆里的画作都是她的私人收藏），正是由于塞尔维拉的建议和牵线，男爵开始与西班牙政府谈判。1993年6月，为了免于后顾之忧，男爵将他和父亲的七百七十五幅画作以三亿五千万美元的价格一次性地卖给了西班牙政府，但根据苏富比拍卖行的估算，其价值高达二十亿美元。1999年，塞尔维拉将个人收藏的四百二十九件作品借给博物馆展出。2021年，时年七十八岁的塞尔维拉又与西班牙文化部达成了新协议——每年的出借费用为六百五十万欧元，有效期到2036年。

目前博物馆内的收藏品多达一千六百件，数量仅次于英国王室。

很多画作的背后，都有男爵父子的收藏故事，有的甚至牵扯到跨国诉讼。提森·博内米萨男爵主要倾向于收集19世纪以后画家的作品，其中就包括印象派画家毕沙罗于1897年画的《午后的圣奥诺雷街》。在我们的印象里，毕沙罗是一位一直坚持在田园乡村的户外作画的风景画画家，但这一幅作品

▲提森·博内米萨博物馆收藏的毕沙罗《午后的圣奥诺雷街》

的内容却从乡村转移到了城市。这是因为毕沙罗晚年身体欠佳，即使搬到巴黎居住，也依然笔耕不辍，从窗户上捕捉和描绘巴黎的街景。

该画的第一位拥有者是直接从毕沙罗手中购得的德国犹太富豪，然而与其他众多画作一样，难逃纳粹德国专门收集艺术品的"林茨特别任务"之手。希特勒年轻时就对艺术产生了浓厚的兴趣，想在自己的家乡建立一座美术馆。于是，他在1933至1945年之间，从德国和欧洲各地以没收或强买的方式收集了众多油画和其他艺术品，这幅画便是其中一例。富豪的继承人被迫以三百六十美元的价格将其卖给纳粹政府，从而换取了一份离开德国的签证。"二战"结束后，被劫掠画作的持有者和国家纷纷要求德国政府返还，但包括毕沙罗这幅画在内的一百九十一件藏品却神秘失踪。作为补偿，西德政府在战后向富豪的后人支付了十二万德国马克。

一位美国收藏家在1951年发现了这幅画的下落，买入二十五年之后，于1976年将该画转售给了提森·博内米萨男爵。2005年，德国富豪的后人在美国提起诉讼，要求提森·博内米萨博物馆归还该画。经过长达十年的审理，最终被判败诉。法院要求博物馆应该"参考国际社会对纳粹掠夺艺术品所持的态度，为纳粹受害者寻找合理而正义的解决方式"，于是在胜诉之后，博物馆在画作的旁边放了一块小牌，标注这幅画作的命运皆由纳粹德国的不光彩行动导致的等。但我们去看的时候，小牌上仅印着画家和画作的名称以及绘制的年份，扫描二维码出现的资料也只对创作背景进行了描述，已经全然没有了与纳粹相关的字样。

马德里另一处值得一去的博物馆是圣费尔南多皇家美术学院。达利曾经在这里就读，并经常以此为据点，去普拉多博物馆临摹学习前辈大师的作品。但后来他被院方开除，未能获得本科文凭。我们在学院的博物馆看了半天，因为五十九个展厅里观者甚少，很多精品都可以驻足细赏。里贝拉大约画于1620年的《看那个人》，是一幅极好的作品，对角线的构图尤其出色。我一看到它，就想起了在塔拉戈纳圣周游行的那个罗马士兵的方阵。

　　马德里王宫和毗邻的皇家收藏画廊，一个门庭若市，一个门可罗雀，去后者，才是明智的选择。2023年6月开业的画廊，应该称为博物馆才更准确，因为西班牙王室的收藏除了卡拉瓦乔等的画作之外，还有众多五花八门的精品。19世纪初期，工匠为西班牙国王制作了三辆极其华丽的马车，用于最隆重的典礼。其中在展厅展出的一辆是

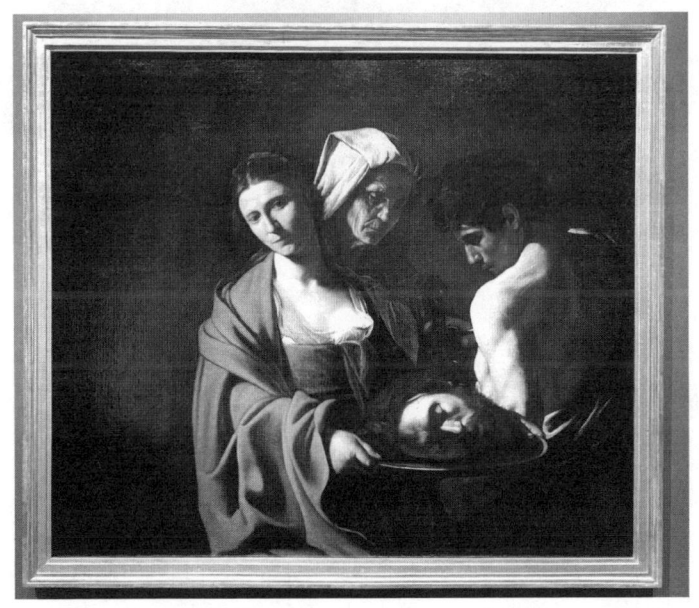

▲皇家收藏画廊的卡拉瓦乔《莎乐美与施洗者约翰的头颅》

双悬挂系统，相当于当今的四轮驱动，即使行驶在凸凹不平的马路上也不会产生太大的颠簸感，其内部和外部的装饰经过精雕细刻，极尽奢华。

▲皇家收藏画廊展出的 19 世纪初期为西班牙国王制作的马车

在三足鼎立的马德里博物馆中，普拉多博物馆主要是王室旧藏，提森·博内米萨博物馆有更多洛可可、新古典主义、浪漫主义和学院艺术作品，而索菲亚王后国家艺术中心博物馆的侧重点是以西班牙两位最伟大画家毕加索和达利为代表的现代主义作品。展厅里，各种奇形怪状的画面铺天盖地，到处都是立体主义、表现主义、抽象主义和超现实主义的前卫之作，展现了众多令人不解其意的多样性自由思想。20 世纪初期的西班牙和欧洲其他地方一样，都处在颓唐而又神秘的文化氛围之中，而逃避现实来寻求心灵上的自我完善，就成了跌宕时代里给画家们带来巨大安慰的精神庇护。我们从保罗·克利"世界变得越可怕，艺术就变得越抽象"这句话中，只能看懂画家们的态度。既然他们在创作的时候经常意识不到自己在做什么，为什么还要让看画的我们一定要看得懂作品的内涵呢？

我不喜欢现代主义的画作，就像我不爱听现代主义的音乐一样，但这并不妨碍我试图从中理解出来说服自己的蛛丝马迹。索菲亚王后国家艺术中心博物馆里那幅毕加索巨大的《格尔尼卡》画前，总是人头攒动，很多人站在那里指指点点，不时会从中找到与毕加索的共鸣。西班牙内战期间，德国和意大利为了支持佛朗哥而对巴斯克地区的格尔尼卡小镇进行了地毯式的轰炸，毕加索用各种变形的肢体语言来复现战争的残酷与人们的痛苦。我能看懂一些明显的指代，但也有很多地方需要我绞尽脑汁。

▲索菲亚王后国家艺术中心博物馆展出的毕加索《格尔尼卡》

当然，这家博物馆里也有一些一目了然的作品，例如达利在1925年以他妹妹为模特画的《站在窗前的少女》。然而这样的作品并不多见，例如我刚刚看懂了达利的《伟大的自慰者》，一转身，西班牙另一位与毕加索和达利齐名的胡安·米罗的《月亮前面的女人和狗》，又活生生地把我看蒙。

▲达利《站在窗前的少女》　　▲米罗《月亮前面的女人和狗》

利里亚宫是马德里最大的私人豪宅，与塞维利亚的女主宫相比，阿尔巴公爵家族成员每年住在这里的时间最长。第十八代女公爵卡耶塔娜与第一任丈夫所生的长子也就是第十九任阿尔巴公爵最喜欢在此居住。这里的绘画并不像博物馆那样集中，而是分别悬挂在各个精美绝伦的房间里，从提香到戈雅、从印象派到野兽派，无所不包。除此之外，国家浪漫主义博物馆、塞拉尔博博物馆、拉萨罗·加尔迪亚诺博物馆、国家装饰艺术博物馆和索罗拉博物馆都是博物馆爱好者的必去之处。看完利里亚宫之后，因为平时喜欢看四大满贯的网球比赛直播，而当天下午在魔术盒球场有纳达尔晋级第二轮的马德里大师赛，我们特意前去感受那里的红土球场的气氛。由于伤病的困扰，大家都觉得纳达尔随时可能宣布退役，因此，现场的火爆程度可想而知。门票早已售罄，门口没有一个黄牛，然而既然到了，我就让太太去售票处问问看看，反正就是一句话的事儿，且看比赛不像参观博物馆那样耗时耗神。售票的男士纠正我太太说"Nadal"的英语发音，用西班牙语说了一句"纳豆"，然后以最小的声音来了一句意味深长的"No"，把我俩说得哑然失笑。这句"No"是最耐人寻味的言简意赅，是在挪揄我们竟然像边裁一样，做了一次明显的误判。

▲魔术盒球场的马德里大师赛入口

而从提森·博内米萨博物馆出来路过西贝莱斯宫时，看到门前一片繁忙的景象。原来，当天晚上8点要在宫内举行2024年劳伦斯世界体育奖颁奖典礼，另一位网坛名宿德约科维奇将获得劳伦斯年度最佳男子运动员奖。

正是由于费利佩二世的缔造，马德里才有了如今的包罗万象。在2023年世界十大旅游城市评选中，马德里仅次于巴黎和迪拜，排在第三位。对于我来说，马德里那些令人目不暇接的博物馆，才具有最大的魅力。

▲西贝莱斯宫2024年劳伦斯世界体育奖颁奖典礼现场入口

19 埃尔·埃斯科里亚尔

费利佩二世，痴迷于绘画收藏的王子与国王

在马德里皇家收藏画廊的展厅里，有一块 1832 年用松木和金属丝制作的埃尔·埃斯科里亚尔修道院的比例模型。尽管我事先看过介绍修道院的视频，但在见到真正的建筑之前，对这个模型并没有深刻的印象。从马德里的蒙克洛亚公交车站坐 661 路巴士，一个小时就到了埃尔·埃斯科里亚尔小镇，按照手机导航走到修道院之后，依然感觉不到它有多震撼，毕竟我没有站到一个居高临下可以俯瞰其全景的地方。在入口处一面长长的楼墙面前，以"只缘身在此山中"的角度，根本拍不出整个建筑群的宏伟气势。

这座修道院由费利佩二世在定都马德里两

▲马德里皇家收藏画廊展出的埃尔·埃斯科里亚尔修道院模型

▲拍不出俯瞰效果的埃尔·埃斯科里亚尔修道院（一）

▲拍不出俯瞰效果的埃尔·埃斯科里亚尔修道院（二）

年之后的 1563 年下令修建，历时二十一年完成。虽然名为修道院，但它其实是一座将教堂、图书馆、宫殿、修道院和皇家陵墓等合为一体的综合建筑。身为几何学家的建筑家胡安·德·埃雷拉完全遵循国王提出的"在构造上要简洁，在整体上要严肃；高贵而不傲慢，庄严而不浮夸"的设计思路，做了十分对称的几何布局，利用当地山上灰色的花岗岩石砌筑。二百多米长的外墙几乎素面朝天，完全满足了费利佩二世的要求。

此处占地面积达三万三千平方米，我在提前做功课的时候，没搞清楚究竟应该从哪里开始参观。对于到底应该先去大教堂、图书馆还是绘画博物馆，一直没有找到特别明确的提示。其实，到了入口，向检票人员出示手机里的门票二维码之后就没有别的选择了，因为只要顺着箭头指示的方向走，就能将已经开放的区域全部看完，不会有遗漏。

过去，人们在评价费利佩二世的时候，与约翰·克罗在《西班牙的灵魂：一个文明的哀伤与荣光》一书中描述埃尔·埃斯科里亚尔修道院的口气一样，敌意常常多于敬意。克罗说这座修道院是费利佩二世的石制缩影，"和西班牙的宗教裁判所一样冷酷刚硬，像奏章之王（形容费利佩二世喜欢批阅文件——作者注）本人一样严肃忧郁，同 16 世纪晚期的国王之心一样灰暗阴沉"。与费利佩二世的父亲查理五世在格拉纳达阿尔罕伯拉宫兴建的未完成的圆形文艺复兴宫殿一样，"两座建筑都冷酷、严肃、宛如监狱、沉重、不可爱"。

仅因为看了克罗的书而不将这座庞大的建筑纳入西班牙文化之旅的行程之中，必是失策之举。

事实上，我们不能只盯着阴影而不去注视光明。费利佩二世在国内实行铁腕政策，在国外则向法国、英国和奥斯曼帝国开战。从活着的时候开始一直到死后的几百年间，他一直被认为是一个狂热的好战分子和残酷的君主。而此人又严重内向，面对玷污自己名声的风言风语、嘲弄和诽谤什么都不做，甚至销毁了大量可以证明自己具有善良爱心的信件，且不去使用手中的权力通过舆论进行纠偏或者为自己竖起一块金光闪耀的丰碑。于是，一代又一代的欧洲人从小就受到了费利佩二世是一个冷酷无情之人的教育，很少有人站在全面而客观的立场，去制止那些无端或荒谬的指责。时间一长，费利佩二世就在历史上给人留下了一个冷酷无情和令人生厌的国王的形象。

实际上，带领西班牙走出中世纪并且张开双臂沐浴文艺复兴光芒的人，就是费利佩二世。他是一位既酷爱收藏画作又大力资助画家创作的国王，一生中累计收藏了大约两千幅油画，超过他所有前任。其中，他最喜欢威尼斯画派创始人之一提香和荷兰画家耶罗尼米斯·博斯，分别收藏了他们四十幅和六幅作品。

1548 年 12 月至 1549 年 1 月，当时还是王子的费利佩二世在意大利米兰见到了提香，此后两人又于 1550 至 1551 年

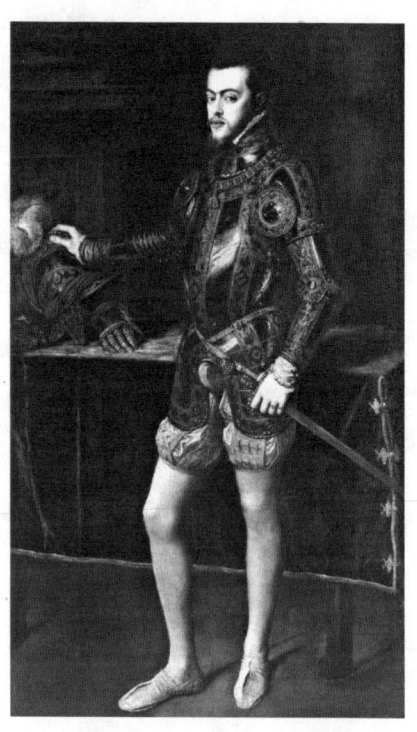

▲提香为费利佩二世创作的肖像画，图片来自普拉多博物馆官网

间在德国奥格斯堡再次会面。每次见面，提香都为王子画像，王子则不厌其烦地为提香摆姿势。目前在普拉多博物馆 27 号展厅里展出的费利佩二世唯一一幅戎装的肖像画，就是提香在和他的第二次会面时创作的。从画中人物的面庞来看，留着胡子的王子缺乏开朗或者豁达的性格，表情含着忧郁和拘谨，但深邃的目光又显露出威严之气，这就是提香于细微处见精神的精妙之处。

费利佩二世是文艺复兴晚期最重要的艺术赞助人之一，作为西班牙最伟大的收藏家，他又是提香在其绘画生涯中的重要推手。他认识提香，主要是因为他的父亲查理五世对提香画风的喜爱。乔治·瓦萨里在《著名画家、雕塑家、建筑家传》中写过查理五世青睐提香的细节："提香的作品深得那位战无不胜的皇帝的欢心，他一看到它们后便不再请别的画家画像。提香每次为他作像，都会获得一千克朗的赏赐。他被皇帝封为骑士，且那不勒斯议院每年为他发放两百克朗。"费利佩二世自从与提香见了两次面之后，就认定提香是一位值得信赖的天才，能在画面中充分展现他想要看到的热情洋溢。于是，他请提香为自己尽情创作，在绘画的主题、诠释和布局方面给了提香最广泛的自由。尽管提香从来没有去过西班牙，但两人之间的默契是心照不宣的。费利佩二世除了支付费用，还每年给提香两百多克朗的固定津贴。在费利佩二世慷慨的委托之下，提香先为他的这位国王主顾创作了六幅最大胆、美丽的作品。这些画的题材源于古罗马诗人奥维德在《变形记》中描写的希腊神话，提香对其做了最具诗意的展现。弗洛伊德之孙、英国画家卢西安·弗洛伊德认为在这六幅画中，现由伦敦国家美术馆和爱丁堡苏格兰国家美术馆联合收藏的《戴安娜与阿克泰翁》和《黛安娜与卡利斯托》"简直就是世界上最美丽的画作"。这些被认为是西方美术史上最雄心勃勃、最富有戏剧性和最具震撼力的作品，目前被分散保存在马德里、伦敦、爱丁堡和波士顿，我有幸看过其中五幅。

▲提香为费利佩二世创作的《维纳斯与阿多尼斯》，
图片来自普拉多博物馆官网

▲提香为费利佩二世创作的《戴安娜与阿克泰翁》和《黛安娜与卡利斯托》，
由伦敦国家美术馆和爱丁堡苏格兰国家美术馆联合收藏，轮流换展

连同上述六幅作品在内，提香总是准时收到费利佩二世支付的相应款项。双方并无君臣之分，在互相尊重的前提下，开展了长达二十八年的合作。提香在去世前一年的 1575 年虽已八十七岁，但仍然向费利佩二世交付了目前在普拉多博物馆 24 号展厅展出的《西班牙拯救的宗教》。按照瓦萨里的说法，"他在这些最后的作品中所运用的画法与他早年的画法一模一样。早期作品的精致、工细，近看或远看都可以；而后期作品则笔触大胆，画笔横扫画面，大刀阔斧，甚至有点粗糙，因此近看什么也看不出，远看却显得完美无瑕"。

▲费利佩二世向提香订购的《西班牙拯救的宗教》，展出于普拉多博物馆
24 号展厅

费利佩二世将委托提香绘制的作品以及他最喜爱的博斯的三联画例如《人间乐园》《东方贤士的崇拜》和《干草车》等悬挂于埃尔·埃斯科里亚尔修道院里的圣器收藏室或者卧室里最显要的位置。费利佩二世的孙子费利佩四世对于收藏绘画更是达到了疯狂的程度，他向委拉斯凯兹下了大量订单，并购买了包括拉斐尔的作品在内的大量画作，很多都悬挂在埃尔·埃斯科里亚尔修道院内。1837 至1839 年间，为了躲避国内持续不断的卡洛斯战争，包括提香和拉斐尔等的一百余幅名作从修道院被移往普拉多博物馆。1936 年西班牙内战爆发之后，西班牙政府又从修道院将众多画作转移到普拉多博物馆，其中就包括已在修道院存放了三百四十多年的博斯的《人间乐园》。

▲费利佩二世收藏的博斯《人间乐园》，展出于普拉多博物馆 56A 号展厅

▲费利佩二世收藏的博斯《干草车》，展出于普拉多博物馆 56A 号展厅

参观修道院的时候，最先看到的是位于建筑物中心的圣洛伦佐大教堂，在四周都是灰色墙壁的巨大空间里，只有主祭坛显得十分华贵。在墙壁上的油画之下，摆放着费利佩二世用以盛放他收集的七千余件圣人遗物的长方形圣物匣。最初，这位国王想把从提香那里订购的《圣洛伦佐的殉难》挂在主祭坛的最中央，但由于画面过暗，当阴天没有光线的时候更不容易看清，他将其更换到了小房间悬挂。周围都是白墙，就能清晰地显出画中的人物和场景。这幅画被认为是费利佩二世委托提香专门为修道院创作的最好的作品之一，得到了国王由衷的喜爱，他常常站在这里欣赏提香的构图，每次都赞不绝口。

修道院内最精美的地方，是费利佩二世从 1565 年开始筹划的图书馆。这位国王在年轻时就接受了文艺复兴价值观的教育，酷爱阅读和收集图书，仅自己的收藏就多达五千本，包括美术、医学和音乐等

▲埃尔·埃斯科里亚尔修道院内的圣洛伦佐大教堂

▲费利佩二世原想挂在主祭坛上的提香的《圣洛伦佐的殉难》

▲埃尔·埃斯科里亚尔修道院图书馆内费利佩二世将书脊朝里存放的图书

各个方面。如今，我们依然可以看到当年费利佩二世摆放书籍的方式——将书脊朝里，金色的书页朝外。这不是他故意炫耀图书金碧辉煌的行为，而是他博闻强识的标志。他读了书柜里大部分的书，而且能清楚地记得每一本书存放的位置。

尽管修道院的外观是由灰色的花岗岩构成的，就像约翰·克罗写的那样冷酷和严肃，但在图书馆内，却是另外一番天地。费利佩二世在 1585 年从意大利请来了费德里科·祖卡里为穹顶绘制湿壁画，但祖卡里的画风过于艳丽，并不符合费利佩二世的喜好，双方合作的时间很短，于是他在 1586 年又聘请了另

▲埃尔·埃斯科里亚尔图书馆内穹顶的湿壁画（一）

▲埃尔·埃斯科里亚尔图书馆内穹顶的湿壁画（二）

外一位意大利画家佩莱格里诺·蒂巴尔迪。费利佩二世先让蒂巴尔迪涂抹了祖卡里原来绘制的一些画面，又让他对保留下来的部分进行修改并重新绘制了其他地方。我们站在图书馆长廊的两端看那些湿壁画，仍觉得它们十分亮眼，与修道院的外表形成了巨大的反差。如果费利佩二世认可了蒂巴尔迪的画风，那么祖卡里一定较蒂巴尔迪有之过而无不及。

▲埃尔·埃斯科里亚尔修道院里的绘画博物馆

　　修道院里曾经挂有一千五百多幅画作，尽管很多珍品因两次内战而被转移，但如今的绘画博物馆仍留存了一些包括提香、巴萨诺、保罗·委罗内塞、丁托列托、格列柯、里贝拉、凡·戴克、委拉斯凯兹等画家的作品。

　　提香在去世前一年的1575年为费利佩二世绘制《圣哲罗姆的忏悔》时，虽然他已年迈，但依旧笔触遒劲。画中圣哲罗姆和陪伴他的狮子都在望着十字架，圣哲罗姆的目光尤其深邃而坚毅，展现给我们的是冥想与苦修的深刻含义。埃尔·埃斯科里亚尔修道院是提香去世时收藏其作品最多的地方，现在还留存了几幅，是对过往历史的最好的纪念。

除了提香，费利佩二世为什么还痴迷于收藏另一种风格的博斯的画呢？这也许与他的性格有关，或者说博斯的着眼点与关注点，正可以对应费利佩二世发自内心的另一种情绪。在绘画博物馆里，展出了一幅博斯画的《背负十字架的基督》，这是大约于1495至1505年画在橡木板上的油画，在我们目前看到的博斯画作中是容易看懂的一幅。在那些在普拉多博物馆里展出的三联画中，博斯用他独创的风格，将着眼点放在人类的罪愆上。他几乎把每一个局部都画成了谜团，在那些迥异于文艺复兴风格的画风中，充满了更多悲观的色彩。也许费利佩二世在提香的栩栩如生和浑然天成之中沉浸久了，一看到博斯的世界，马上就找到了契合点。遗憾的是，他并没有给后人留下如何解读博斯的只言片语。

▲绘画博物馆内展出的提香
《圣哲罗姆的忏悔》

▲绘画博物馆里展出的博斯
《背负十字架的基督》

费利佩二世与其父查理五世以及他的儿孙费利佩三世和费利佩四世等王室成员的棺椁被安放在一个圆形地下室的万神殿内，每个单元有四个格子，查理五世和费利佩二世等的铜棺集中存放于此。看完万神殿，再走到费利佩二世的办公区域和卧室等处，也就基本上参观完了目前对游客开放的区域。

　　费利佩二世于1592年在埃尔·埃斯科里亚尔修道院的卧室去世，他批阅国务文件的办公室和卧室的面积很小，内部装饰与布置也非常简朴，完全没有他在收藏画作时那种一掷千金的狂放与豪情。

▲费利佩二世在埃尔·埃斯科里亚尔修道院里批阅文件的办公室

▲费利佩二世在埃尔·埃斯科里亚尔修道院去世时的床和卧室

284

修道院楼梯的穹顶上，有一幅意大利画家卢卡·乔尔达诺于1692年绘制的巨幅湿壁画《西班牙君主的颂扬》。画面中央的十字架下，查理五世和儿子费利佩二世跪在云彩之上。虽然画作的主题是虔敬，但我想要从另一个角度对其加以理解：父子二人都热爱提香，尤其是费利佩二世，在这座气势恢宏的建筑里留下了对艺术的无限热情，从这个角度来说，这就是他的美德。

▲卢卡·乔尔达诺在埃尔·埃斯科里亚尔修道院穹顶绘制的《西班牙君主的颂扬》

1984年，埃尔·埃斯科里亚尔修道院与科尔多瓦大清真寺和主教座堂、格拉纳达的阿尔罕伯拉宫、布尔戈斯的主教座堂一起成为西班牙第一批世界文化遗产。起源于意大利的文艺复兴在这里洒下了最后几道光芒，如今，光晕依然在，成了西班牙黄金时代永恒的象征。

20 托莱多、阿维拉、塞哥维亚

三座小城，发思古之幽情

　　白天在托莱多城内暴走，晚餐后登上了圣伊莎贝尔酒店楼顶的露台。微微的晚风拂面，马上就神清气爽，疲劳顿消。头顶上无数颗繁星闪烁在澄澈的夜空中，LED洗墙灯把不远处的托莱多主教座堂和托莱多城堡照得通亮。眼前的场景恍如隔世，白天在格列柯博物馆看到的一幅画仿佛就铺展在眼前。那是格列柯大约画于1610至1614年的《托莱多的风景与平面图》，尽管画面中是远眺的托莱多全景，但也有主教座堂和城堡。

而我站的地方，更靠近那两座地标性建筑。

　　在埃尔·埃斯科里亚尔修道院的绘画展览馆里，能看到格列柯画的《圣莫里斯殉难记》。费利佩二世于1579年委托格列柯

▲在托莱多圣伊莎贝尔酒店露台上看到的托莱多主教座堂和城堡

绘制了这幅巨幅油画，但在 1583 年来到修道院看到这幅画之后，他却紧皱眉头，表示很不喜欢。他一分不少地向格列柯支付了酬劳，却将这幅画挂在了自己不常去的房间，等于将其打入了冷宫。

▲托莱多的格列柯博物馆里展出的格列柯《托莱多的风景与平面图》

格列柯狂妄自大、目中无人，在罗马的时候他就口无遮拦地宣称米开朗基罗是"一个不会画画的好人"，因此树敌无数。他离开文艺复兴之潮正如火如荼的意大利之后来到西班牙，希望自己在这个国家得到赏识。当时，费利佩二世需要一些出色的画家去修道院绘画或将画作画好之后提供给修道院，格列柯原本以为自己能够通过这位国王的订单而平步青云，但他那种将人物扭曲和拉伸以及变形的画法实在得不到国王的认可，从此以后，这位曾经做过提香学生的画家就再也没有接到过来自西班牙王室的任何订单。

但在托莱多这个西班牙的古都，有很多人赏识格列柯的绘画风格并慷慨地成为他的雇主。那幅《托莱多的风景与平面图》并不完全写实，在主教座堂的上部，格列柯画了圣母玛利亚在天使的簇拥之下降临到托莱多守护神圣伊尔德丰索身旁的场景，这不是以往画家们画的那种单纯的宗教画，而是为整个城市都赋予了宗教的意义。人们喜欢这种全方位的独特视角，更热衷于沉醉在画家营造的现实生活与精神世界完美融合的画境之中。没有格列柯，托莱多依旧是古城；但如果没有托莱多，也许我们就看不到数量如此庞大的格列柯的画作。

从马德里阿托查火车站坐火车，半个多小时就到了托莱多。出了新摩尔式建筑的车站，按照事先设计好的步行路线图，穿过罗马帝国时代兴建于104至106年的阿尔坎塔拉桥，我和太太首先去了圣十字博物馆。

在二楼回廊看完从流经托莱多的塔霍河流域出土的3世纪的镶嵌画后，我们怎么也找不到展厅的入口。正在纳闷的时候，一位女士走上了楼梯。一问才知道，因为楼里突然漏水，展厅临时关闭。怪不得没有人收取门票，估计还没来得及张贴告示，我们就进来了。展厅里有从格列柯刚到托莱多的时候直到他去世前三十几年间每个时期的代表性画作，没能看成，很是扫兴。遗憾的情绪很快就在修建于13至14世纪的

▲托莱多主教座堂的主祭坛

托莱多主教座堂里得到了缓释。这里有许多让人流连的艺术品，例如哥特式的主祭坛、透明圣坛、珍宝室、唱诗班、回廊和玻璃花窗。

最令人震撼的是圣器收藏室，与其他教堂的同类房间的布局不同，这里穹顶高耸，其上的湿壁画出自曾在埃尔·埃斯科里亚尔修道院为费利佩二世工作过的意大利画家卢卡·乔尔达诺之手。在长方形的大厅里，格列柯画的耶稣十二门徒的单人画像分列在左右两侧，中间是他接受教堂委托而创作的《脱去基督的衣服》。环顾整个大厅可以发现，这里竟然挂了十九幅格列柯的作品。收藏室的其他房间也如同小型美术馆，挂着拉斐尔、提香、巴萨诺、凡·戴克和委拉斯凯兹以及被一些学者认为是卡拉瓦乔的画作，这是一种史无前例的荟萃，在世界上任何一座教堂的圣器收藏室都难以看到如此奢侈的场景。

▲挂满格列柯画作的托莱多主教座堂的圣器收藏室

到圣多美教堂的时候，不知道什么原因，售票处的男士卖给我们两张票之后，告诉后面的韩国旅游团领队，让他们在外面等三分钟。这种不知原因的"礼遇"对我们来说难得一遇。格列柯的《奥尔加斯伯爵的葬礼》就在眼前，给了我们两个人仔细观赏的绝佳机会。这是格列柯接受托莱多贵族的委托而在这座教堂里绘制的作品，给观者提供了众多解读空间，被认为是这位画家最具表现力的巨幅画作之一。

▲托莱多圣多美教堂里的格列柯《奥尔加斯伯爵的葬礼》

格列柯博物馆里除了走廊尽头那幅《托莱多的风景与平面图》之外，我们看到的二十幅画作，都是格列柯画的耶稣和十二门徒以及其他圣人的画像。

我最喜欢《圣彼得的眼泪》，虽然画家依旧把人物身材拉得很长，但眼中的忏悔与要求得到宽恕的面部表情很感人。恰到好处的光线投射，似乎是对虔诚的赞颂，让人面对这幅画的时候，进行更多反思。

▲托莱多的格列柯博物馆

▲托莱多格列柯博物馆里的《圣彼得的眼泪》

我们还去了圣母升天犹太教堂、圣母玛利亚教堂和圣胡安皇家修道院。从前两者中可以看出，与格拉纳达和科尔多瓦一样，托莱多也是一座包容的城市，在收复失地运动之后，仍旧保留了一些伊斯兰教和犹太教的建筑。

圣胡安皇家修道院是伊莎贝拉一世为纪念已故的父亲而在1504年修建完成的，它并非建在摩尔人建筑的基础之上，但其内部有很多地方借鉴了摩尔人修建建筑的模式。这个修道院是在伊莎贝拉一世收复格拉纳达十二年之后建成的，她在吸收了摩尔人和哥特式装饰元素的基础上，将银匠式风格改为她自己创建的伊莎贝拉风格，但在内部依然使用了很多摩尔人的图案，看

▲托莱多圣母升天犹太教堂内景

▲托莱多圣母玛利亚教堂内景

▲托莱多圣胡安皇家修道院二层回廊顶部的
摩尔人装饰风格

▲托莱多圣胡安皇家修道院里的精美
浮雕

▲托莱多圣多明各埃尔安蒂果修
道院

得出这位女王对阿尔罕伯拉宫内装饰的由衷喜爱。伊莎贝拉一世和费尔南多二世原本打算死后葬在这里，但后来改变了主意。

离开圣胡安皇家修道院之后，一看表，时间尚早，就在手机上查查周围还有没有可以去的地方。正所谓只要来到托莱多，就离不开格列柯。就在距离圣胡安皇家修道院五百五十米的地方，有一座圣多明各埃尔安蒂果修道院，里面除了仅存的两幅格列柯的原作之外，还可以看到格列柯的棺椁。如果不是因为上午圣十字博物馆临时关门而停留了一两个小时的话，我们肯定就会错过这里，这反倒成了此消彼长的一个乐趣。

这是托莱多最古老的修道院，最初的建筑建于6世纪，此后在16世纪下半叶予以重建。格列柯受托在这里画了几幅祭坛画，除了最大的一幅《圣母升天》以及《三位一体》保存在芝加哥艺术学院和普拉多博物馆之外，目前祭坛上还有三幅，标牌上特意标注了"Original de El Greco"（格列柯原作）的字样。

教堂里有二十几个人，但不是在参观，而是围拢在一起交谈。待我们看完主祭坛，那些人也陆续离开，最后只剩下一位女士。她告诉我们，刚才那些人都是来买糕点的，她指着旁边一位老修女说："糕点就是她做的。"

▲圣多明各埃尔安蒂果修道院的老修女

▲老修女制作的糕点

老修女看见我们，先指向前面让我们去看圣器收藏室。与其说是收藏圣器，不如说是收藏一部托莱多的中世纪史。那里展出的几份文件的原件特别醒目，例如1249年教皇英诺森四世颁布的大赦令等，摆放在带玻璃罩的普通木柜里。

出生于希腊的格列柯在托莱多娶妻生子，并在这里居住了三十七年。1614年

▲托莱多圣多明各埃尔安蒂果修道院里的圣器收藏室

4月7日，七十三岁的格列柯在托莱多去世，其遗体就放置在修道院教堂的地下室里。蹲在玻璃板旁边，可以看到一个棺椁，就像画家画的人物一样细长。如今，在世界各地的美术馆都可以看到或多或少的格列柯画作，但在一天内看到四十二幅格列柯的作品，只有在托莱多才会发生。

▲托莱多圣多明各埃尔安蒂果修道院圣器收藏室里展出的教皇英诺森四世于1249年颁布的大赦令

▲托莱多圣多明各埃尔安蒂果修道院教堂地下室里的格列柯棺椁

从马德里坐一个半小时的火车来到阿维拉，在这里只看一个欧洲保存最完好的建于中世纪的阿维拉城墙就感觉超值，再挑选小城里的几座教堂和修道院去参观就更不虚此行。城墙里有两千五百个垛口、一百座古塔和九座大门，周长两千五百米，但目前只开放了一千七百

▲在垛口上拍的阿维拉城墙以及尚未开放的长满杂草的通道

▲可以远眺阿维拉城墙的四柱台观景台

米。沿着加了防护设施的步道行走，在开放的垛口上上下下，走着走着，就被一面木板挡住了去路。前面的路上长满了杂草，远远望去，一代又一代杂草陪伴着城墙，千百年来，两者之间已然形成了默契，每年都会度过这座小城的酷寒与酷暑。

天空中厚厚的白云不时变换出交叠的云图，浓缩了阿维拉历史的波谲云诡。而从四柱台观景台上远眺阿维拉城墙，则又能看到一番壮阔的图景。

▲在阿维拉四柱台观景台上远眺阿维拉城墙

▲阿维拉主教座堂和圣特蕾莎修道院

连着城墙的阿维拉主教座堂和在圣特蕾莎出生地兴建的圣特蕾莎修道院都是必去之地，但在常规线路之中，我还特别推荐另一个去处——圣托马斯皇家修道院。

▲阿维拉圣托马斯皇家修道院

这座修道院兴建于1480年，其精美的回廊和展出众多中国瓷器与工艺品的东方博物馆都值得一看。在修道院的教堂里，竟有一座精美的大理石石棺，虽然后来遭到拿破仑军队的破坏，很多雕塑支离破碎，但它仍有一种尊贵的王者之气。这是天主教双王伊莎贝拉一世和费尔南多二世唯一的儿子胡安的陵墓。在格拉纳达皇家礼拜堂的展厅里，挂着西班牙画家弗朗西斯科·普拉迪利亚画的《格拉纳达投降》，画中胡安坐在伊莎贝拉

▲格拉纳达皇家礼拜堂内展出的西班牙画家弗朗西斯科·普拉迪利亚
画的《格拉纳达投降》

一世和费尔南多二世中间，看着穆罕默德十二世向父母象征性地交出了格拉纳达城门钥匙。这位天生孱弱的王子本来被父母寄予成为国王的厚望，却在结婚的当年死于肺结核。按照遗愿，他被安葬在阿维拉的这座修道院里。后续王室投入了很多资金修缮和加盖王子的陵墓，这里才有了皇家修道院的名称。

▲从阿维拉圣托马斯皇家修道院教堂二楼的唱诗班俯瞰教堂，主祭坛下方是王子胡安的陵墓

▲阿维拉圣托马斯皇家修道院教堂内的王子胡安的陵墓

从马德里坐公交大巴到塞哥维亚需要一个小时的车程。一日游的路线，一般都是先去塞哥维亚输水道，然后进入主教座堂，最后再去迪士尼1937年在其第一部动画长片《白雪公主和七个小矮人》中参照过的阿尔卡萨尔城堡。

建于公元1世纪下半叶到2世纪初期的输水道不愧为西班牙最壮观的古罗马引水渠，无论是站在花岗岩方石拱门的下方仰视还是拾级而上站在高处平视，都会感佩古罗马人无比高超的建筑智慧。

由两万零四百块方石堆起了两排共计一百六十七个拱门，令人叫绝的是在高达二十八米的拱形结构上的方石和楔形石之间没有使用任何砂浆。当时的人们先是堆起两侧类似桥墩的方石，再利用彼此挤压的作用力和反作用力将楔形石堆成弧形；所有楔形石通过彼此的挤压形成合力，将这种合力传递到作为定海神针的最中央的那几块楔形石；接着由最中央的楔形石向左右两侧进行重力传递，从而达到了最佳的静力平衡。利用这种力学原理堆成的建筑，若是再加入砂浆，就成了画蛇添足。

▲塞哥维亚输水道（局部）

手机显示真十字架教堂下午关门，我们便临时改变了主意，离开输水道遗迹之后，直接向事先制订行程时我们最想去的教堂走去。

小路上行人极少，欧洲七叶树上开着带红点的伞状白花，虽然没有塞维利亚路边的橘花那种清爽的淡香，但在阳光的恩泽之下，却是一簇簇的素雅，慢慢地走，就有了更多怀古的感受。走了十几分钟，看到路的右侧有一座圣玛利亚·德尔帕拉尔修道院，就如同欧洲七叶树的那些白色的花，向我们沉默地叙述着孤独的旧事。

▲圣玛利亚·德尔帕拉尔修道院

埃尔·埃斯科里亚尔修道院里那幅提香为费利佩二世画的《圣哲罗姆的忏悔》宣扬的是一种精神力量。圣哲罗姆在叙利亚的沙漠苦行了四五年，又于生命的最后三十几年，在耶稣的出生地伯利恒建了一座修道院继续苦行。在 14 世纪的西班牙，有些人深深地受到圣哲罗姆行为的启发，希望自己也能在修道院里效仿那种生活。除了身体的禁欲之外，还要通过对《圣经》持续不断的钻研，来抑制自己无拘无束的想象力，从而得到更多圣洁的感悟，因为在纯粹的沉思中做了信仰的捍卫者，就可以摆脱眼前颓废的世界。他们穿着白色束腰长袍、披着棕色的头巾，成立了圣哲罗姆教团，自修道院成立伊始，便在这里过上了与世隔绝的生活。如今，这里仍然是圣哲罗姆教团的总部所在地，修士们依然是中世纪的装束。我们正好路过这里，本想进去参观，可惜因刚刚关门而未能如愿。

再走不到十分钟，就看到了土坡上的真十字架教堂。在不太高的钟楼之下，是一座十二边形的单体两层建筑。这座小教堂是根据圣殿骑士团的命令，于1208年仿造耶路撒冷圣墓教堂的形制而建造的，但此后几经易手，如今由马耳他骑士团管辖。

墙壁上的壁画大都残缺不全，写在墙上的字迹

▲塞哥维亚真十字架教堂

如果不是被镜框罩着，怕是也会慢慢地被风化，祭坛画上的颜料也多有脱落，只有垂挂着的几面圣殿骑士团的旗帜是新的。据说教堂底下有圣殿骑士团埋藏的奇珍异宝，给这里平添了一些神秘莫测的色彩。在十二边形的一楼慢慢走着的时候，会陷入九百多年前的历史里。那时人们以此来呈现十二这个数字的象征——耶稣的十二个门徒、以色列的十二个支派、耶路撒冷的十二个城门以及一年中的十二个月等。

教堂内严禁拍照。在教堂内部的拱券之下，还套着一个十二边形的封闭结构，登上凸凹不平的石头台阶，可以看到第二层的内堂。圣殿骑士团在这里举行内部仪式的时候，外人绝对不得观看，这更增加了这里神秘的气氛。

更神秘的是，据说真十字架教堂最初保存着耶稣被钉死的真十字架的残片，后来被转移到附近萨马拉马拉的村子里的小教堂，每年只

在圣周的时候才会拿出来巡游。我并不在意这种说法的真假，来到这里的时候，也许宁可信其有或者信其真，才是合适的态度。

登上钟楼的塔顶，心情会顿时豁然开朗起来。环视四周，近处的圣玛利亚·德尔帕拉尔修道院和阿尔卡萨尔城堡，每一座都比真十字架教堂更有气势。然而破旧的小教堂，却胜过重修的修道院和城堡以及远处的塞哥维亚主教座堂。若想摅怀旧之蓄念，发思古之幽情，这是一个相当合适的地方。

在爬坡去往阿尔卡萨尔城堡的路上，又可以看到真十字架教堂，我特别喜欢这种两相对比的远眺图景。伊莎贝拉一世在阿尔卡萨尔城堡长大，而1474年她从城堡里走出来的时候，已经被拥立为女王。她一定多次俯瞰过下面这座小教堂，也许在还是公主的时候就认为那座建筑小巧玲珑，在成为女王之后，更觉得它不值一提，因为在那种小地方，出现不了惊天动地、扣人心弦的大场面。

▲在真十字架教堂钟楼远眺圣玛利亚·德尔帕拉尔修道院和阿尔卡萨尔城堡

阿尔卡萨尔城堡里的王座室，是一个最能见证历史的地方。伊莎贝拉一世从这里走出城堡，被封为女王；费利佩二世在这里迎娶了他的第四任妻子奥地利的安娜，他们的儿子后来成为西班牙国王费利佩三世。

▲在通往阿尔卡萨尔城堡的坡路上远眺左上方的城堡和右下方的真十字架教堂

▲从阿尔卡萨尔城堡内部俯瞰真十字架教堂

▲从阿尔卡萨尔城堡远眺塞哥维亚主教座堂

从阿尔卡萨尔城堡远眺塞哥维亚主教座堂，就像我站在托莱多酒店的露台远望托莱多主教座堂，或是站在阿维拉的四柱台观景台远眺阿维拉城墙，都是同样的感觉。这三座小城总是给我这样的机会：面对的既是过去，也是如今；无数的虔诚与激情、征服与痛苦、孤独与豪放、快慰与感激的故事，都发生在眼前的土地上。不同种族、文化、宗教和语言的群体在这里和谐共存，尽管通过战争争夺疆土，但在改朝换代之后，仍旧继续进行着多元文化的交流与融合，如同古罗马输水道上的楔形石，形成了一种互相作用的合力。

　　这就是西班牙的与众不同，在欧洲独一无二，在全球也绝无仅有。

　　塞哥维亚除了有城堡，还有很多大小不一、各有奇妙的教堂。看到主教座堂里的基督卧像礼拜堂，马上就能想起五年前看过的蓬特拉雷纳圣地亚哥教堂。这里也有一个反角星形的穹顶，但因为是彩色的，所以比蓬特拉雷纳圣地亚哥教堂的具有更丰富的层次和跃动感。

　　在从阿尔卡萨尔城堡通往塞哥维亚主教座堂的路上，我看到了一

▲塞哥维亚主教座堂内的基督卧像礼拜堂的彩色星形穹顶

块圣地亚哥朝圣之路上标明朝圣者护照盖章处的指示牌。我和王梓在法国之路和北方之路上每天都能见到无数次这种黄色箭头和扇贝壳的标志，而在塞哥维亚再一次看到它，思绪又大幅度地跳回了2019年。

▲塞哥维亚路边标有通往圣地亚哥朝圣之路护照盖章处的指示牌

跨时五年，王梓和我俩在西班牙走过了一个又一个文化的圣堂与艺术的宝殿。兴奋与惊喜总是和绚丽与美妙情不自禁地融合在一起，我们创造了一次又一次无比动人且永难忘怀的体验。谢谢美丽的西班牙，让我们感受到了雄浑的力量，更看到了壮阔的存在。

参考书目

[1] 约翰•克罗.西班牙的灵魂：一个文明的哀伤与荣光 [M].庄安祺，译.北京：中信出版集团，2021.

[2] 让－克里斯托夫•吕芬.不朽的远行 [M].黄旭颖，译.上海：上海译文出版社，2015.

[3] 保罗•柯艾略.朝圣 [M].符辰希，译.北京：北京十月文艺出版社，2018.

[4] 丹•琼斯.圣殿骑士团：崛起与陨落 [M].陆大鹏，刘晓辉，译.北京：社会科学文献出版社，2020.

[5] 克斯汀•唐尼.伊莎贝拉：武士女王 [M].陆大鹏，译.北京：社会科学文献出版社，2016.

[6] 华盛顿•欧文.阿尔罕伯拉 [M].万紫，雨宁，译.上海：上海文艺出版社，2008.

[7] 华盛顿•欧文.征服格拉纳达 [M].刘荣跃，译.上海：上海文艺出版社，2010.

[8] 哈罗德•因伯格.安达卢西亚的幽灵 [M].徐凌飞，译.江苏：江苏人民出版社，2012.

[9] 菲利浦•希提.阿拉伯通史 [M].马坚，译.北京：新世界出版社，2008.

[10] 贡布里希.艺术的故事 [M].范景中，译.广西：广西美术出版社，2008.

[11] 罗伯特•卡明.艺术 [M].邓长胜，张晓光，王霞，井学静，译.北京：旅游教育出版社，2011.

[12] 萨尔瓦多•达利.达利谈话录 [M].杨志麟，李芒，等，译.广西：广西师范大学出版社，2002.

[13] 乔治•瓦萨里.著名画家、雕塑家、建筑家传 [M].刘明毅，译.北京：中国人民大学出版社，2004.